Muay thai
모두를 위한
무에타이

홍성민 著

혜성출판사

프롤로그

무에타이 교본 집필의 의뢰를 받고 원고작업 및 사진촬영을 하며 가장 어려웠던 것은 3차원상의 기술을 2차원 평면에 맞추어 서술하는 것이었습니다.
기존 킥복싱 교재에서 아쉬웠던 킥을 잡고 넘어뜨리거나 잡힌 이후 빼내는 기술.
접근전에서의 몸싸움 기술들을 새롭게 수록하였습니다.

간단해 보여도 타격기는 기본이 반복되지 않는다면 위력이 충분히 나오지 않습니다.

하지만 그렇다 하여 원투 스트레이트 로우킥 혹은 원투스트레이트 미들킥 같은 단순한 연결공격만 주구장창 연습한다면 실전(시합) 이라는 상황에서 전반적인 경기의 흐름 속에서 상대방을 속이고 유인하는 '숲'에 해당하는 것들을 보지 못한 채 '나무'만 보다가 싫증을 느끼게 될 수 있고 그 싫증이 반복을 수행할 에너지를 떨어뜨릴 수도 있다고 생각합니다.

위 의견에 대한 타당성을 부여할만한 구절을 인용해 보겠습니다.
Buakaw Por Pouramuk Gym 의 트레이닝 및 기술연습 DVD에 나오는 말인데 (태국어에 영어자막)
"Using the same strategy everytime makes it easy for your opponent to react."

"매순간 같은 전략을 사용하면 당신의 적이 반응하기 쉽다" 라는 말입니다.

부족하나마 상대방을 속일 수 있는 트릭 몇가지를 기본기에 끼워 서술하였고 시합용 무에타이에서는 잘 나오지 않지만 고대 전쟁터에서 사용했던 무어이보란(무에타이의 원류무술) 스킬도 일부 시범적으로 수록해 보았습니다.

기본에 충실하고 상대방을 속일 줄 알며 변칙기술로 연속타격을 만들어내고 필요한 전략을 짜다보면 판에 찍힌듯한 움직임이 아니라 상대가 예측할 수 없는 독특한 움직임들이 나오게 될 것입니다.

　그런 공격의 다양성을 체험해 보시고 재미도 느끼셔서 타격의 무궁무진한 매력에 빠져보셨으면 좋겠습니다.

　마지막으로 교본을 통해 알게 되고 연습한 기술들을 올바른 곳에 사용해 주신다면 저자로서 뿌듯할 것 같습니다.

CONTENTS

프롤로그

Technique 001 1) 무에타이의 기본 자세 · · · · · · · 006
Technique 002 2) 스텝
  1. 워킹스텝 (전진 , 사이드 , 스위치 , 턴 , 피벗 , 사선) · · · · · · · 008
  2. 점핑스텝 · · · · · · · 016
Technique 003 3) 펀치 (무에타이에 있어서 펀치의 역할)
  1) 펀치 (Mat) · · · · · · · 017
  2) 타격 부위 · · · · · · · 018
  3) 펀치의 종류 · · · · · · · 019
  (1) 잽 (앞손) · · · · · · · 019
  (2) 스트레이트 (뒷손) · · · · · · · 020
  (3) 원투 스트레이트 · · · · · · · 023
  (4) 더블잽 · · · · · · · 026
  (5) 보디잽 · · · · · · · 027
  (6) 보디 스트레이트 · · · · · · · 028
  (7) Jab 에 대한 회피 및 방어 · · · · · · · 029
  (8) 훅 · · · · · · · 030
  1) 레프트훅 · · · · · · · 030
  2) 라이트훅 · · · · · · · 031
  3) 더블 훅 · · · · · · · 036
  (9) 어퍼컷 · · · · · · · 042
  1) 레프트 안면 어퍼컷 (앞손) · · · · · · · 042
  2) 라이트 안면 어퍼컷 (뒷손) · · · · · · · 042
  3) 앞손 안면 어퍼컷의 타격방법 · · · · · · · 042
  4) 뒷손 안면 어퍼컷의 타격방법 · · · · · · · 044
  5) 어퍼컷의 기본셋업 · · · · · · · 044
  6) 몸통 어퍼컷 · · · · · · · 045
  (10) 변칙펀치 · · · · · · · 047
  1) 슈퍼맨펀치 · · · · · · · 047
  2) 슈퍼맨 엘보 · · · · · · · 047
  3) 백스핀 블로 · · · · · · · 048
  (11) 펀치에 대한 방어 · 회피 · 반격 · · · · · · · 049
  1) 페링 (Parrying) · · · · · · · 049
  2) 암블록 · · · · · · · 050
  3) 펀치의 펀치를 방어해주고 받아치는 기술 · · · · · · · 051
  4) Long guard.(or Dracula guard.) style1 · · · · · · · 053
  5) Long guard.(or Dracula guard.) style2 · · · · · · · 054
  6) 슬리핑 (sleeping) · · · · · · · 055
  7) 페링이후 Pivot Step 을 이용한 반격 · · · · · · · 057
  8) 페링 이후 턴스텝을 이용한 반격 · · · · · · · 058
  9) 더킹 (Ducking) · · · · · · · 060
  10) 위빙 (Weaving) · · · · · · · 061
  11) 회피기술의 연속기술 · · · · · · · 062
  12) 회피기술과 스텝의 연계활용 · · · · · · · 064
  13) 상대방이 안면잽을 치는 경우 · · · · · · · 066
  14) 긴거리 공격수단활용 : 딥 (앞밀어차기 : Push Kick) · · · · · · · 068
  15) 앞 , 뒤 , 다리 간격이 넓은 상대방에게는 인사이드 로우킥을 차 주어 밸런스를 무너뜨릴 수 있다 · · · · · · · 069
  16) 페링하며 동시에 턴을 해준 후 니킥으로 응수할 수 있다 · · · · · · · 069
  17) 상대방이 안면 뒷손 스트레이트를 치는 경우 · · · · · · · 070
  18) 상대방이 안면 레프트 훅을 치는 경우 · · · · · · · 073
Technique 004 4) 킥 (Roundhouse Kick)
  1. 킥의 종류 (위앵 , 치앵 / 하단 , 중단 , 상단) · · · · · · · 076

1) 미들킥 (Middle Kick: 뒷발) 077
2) 미들킥 (Middle Kick: 앞발) 082
3) 연속미들킥 085
4) 로우킥 086
5) 하이킥 094
6) 하이킥의 변형 (Question mark kick) 095
7) 킥의 방어, 회피, 반격, 킥 캐치 (Grip) 096
(1) 기본디펜스 096
(2) 디펜스 이후 반격 097
(3) 킥 공격 이후 한발을 지면에 회수하지 않고 빠르게 반격 098
(4) 하이킥 디펜스 099
(5) 하이킥을 피하고 반격 100
(6) 로우킥 디펜스 (응용) 101
(7) 미들킥 디펜스 (응용) 102
8) 킥이 잡힌 경우 대처법 110
9) 킥 이후 연결 가능한 회전 (Back spin) 공격과 그에 대한 방어 115

Technique 005 5) 딥 : Teep
(1) 딥의 종류, 타격방법, 쓰임 117
(2) 딥의 응용 및 변형 119
(3) 딥에 대한 방어 121
(4) 딥을 방어하는 상대방에 대한 방어 123

Technique 006 6) 팔꿈치 (Elbow)
(1) 목적에 따른 타격 방법의 차이 124
(2) 수직, 수평 팔꿈치와 실전 응용 방법 125
(3) 수평 수직 팔꿈치 방어 및 반격 130
(4) 변형 팔꿈치 133
1) 45° 내려베기 팔꿈치 (Slashing Elbow/Sok Ti) 133
2) 45° 올려치기 팔꿈치 (Digonal Elbow/ Sok chieng) 133
3) 사선방향 내려찍기 팔꿈치 (Chopping Elbow/Sok Sab) 134
4) 정면 내려찍기 팔꿈치 (Smash Downward Elbow/Sok Tong) 134
5) 회전 팔꿈치 (Back spin Elbow/Sok Klab) 136
6) 양쪽 팔꿈치 내려찍기 (Double Elbow/Sok Ku) 138
(5) 변형 팔꿈치 공격에 대한 반격 140

Technique 007 7) 무릎 (Knee)
(1) 무릎의 종류 141
(2) 무릎으로 펀처 상대하기 147
(3) 무릎의 방어 151

Technique 008 8) 쌈 테크닉
1) 기본 (클린치 안쪽 공간 차지하기) 156
2) 클린치 바깥에서 상대방 제압하기 157
3) 암레버 (Arm lever) 158
4) 상대방 팔 아래에서 위로 들어 올리며 등 뒤 빼앗기 159
5) Knee Bomb (클린치 상태에서 던지기 기술) 160
5-1) Knee Bomb 카운터치기 161
6) Double Hand cross 163
6-1) Double Hand cross Break 163
7) 그 외 상황에 따른 대처법 164

부록
1. 선수용 붕대 감는 방법 170
2. 연습용 핸드랩 (붕대) 묶는 방법 172

에필로그

Technique 001

무에타이 기본자세
– 취하고 있는 자세에 따른 스타일의 분류

오소독스 (orthodox – 오른손 잡이) 자세 정면

오소독스 (orthodox) 자세 측면

사우스포 (southpaw) – 왼손 잡이 자세 정면

사우스포 (southpaw) – 왼손 잡이 자세 측면

Technique 001

* 무에타이는 태국내에서 3 분 5 라운드 원매치로 진행되는 경우가 대부분이다 .
* 강한임팩트와 함께 상대방에게 데미지를 줄때 비로소 점수로 인정되는 경우가 많다 .
* 워킹스텝을 밟으면서 체력을 비축했다가 한방 한방 강하게 치고 상대방이 충격을 입어 그로기 직전일때 쉴새없이 연타로 밀어붙인다 .

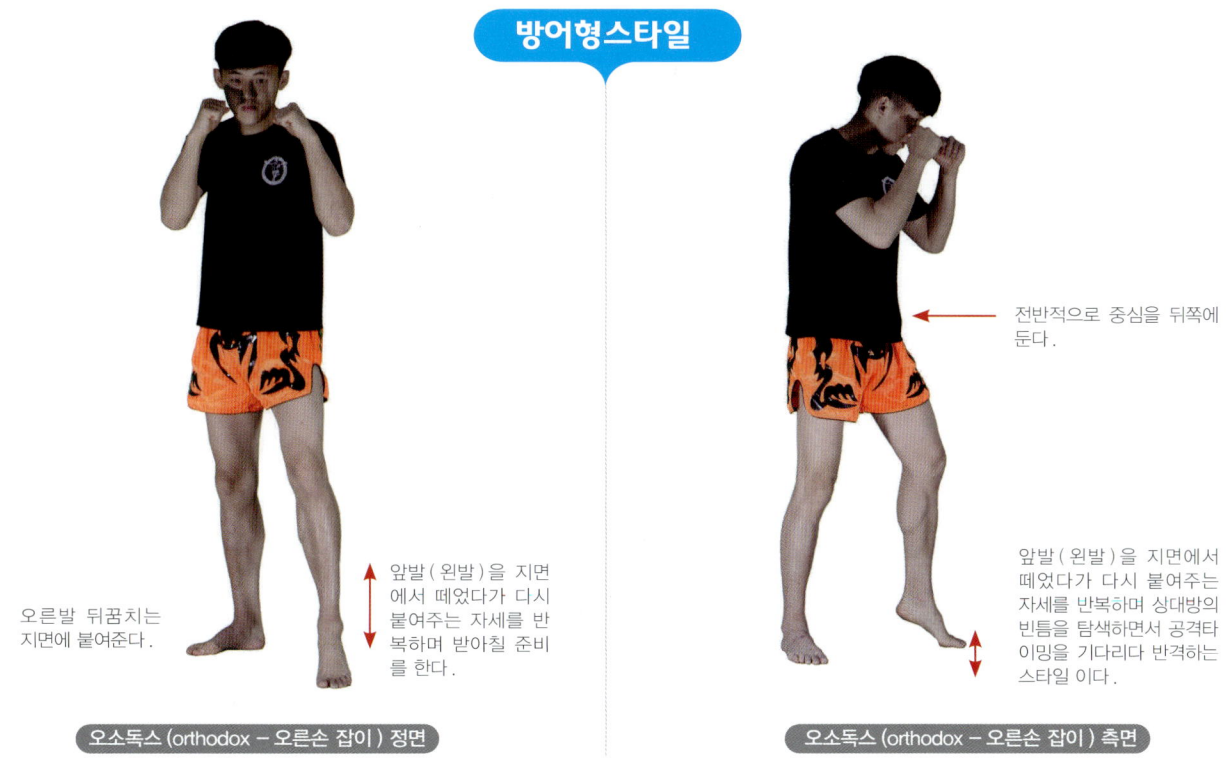

방어형스타일

- 오른발 뒤꿈치는 지면에 붙여준다 .
- 앞발 (왼발) 을 지면에서 떼었다가 다시 붙여주는 자세를 반복하며 받아칠 준비를 한다 .
- 전반적으로 중심을 뒤쪽에 둔다 .
- 앞발 (왼발) 을 지면에서 떼었다가 다시 붙여주는 자세를 반복하며 상대방의 빈틈을 탐색하면서 공격타이밍을 기다리다 반격하는 스타일 이다 .

오소독스 (orthodox - 오른손 잡이) 정면   오소독스 (orthodox - 오른손 잡이) 측면

방어형스타일

- 오른발 (뒷발) 은 지면에 붙여준다 .
- 오소독스 (orthodox) 와 다른것은 오른발이 앞에 있다는 것이다 .
- 앞발 (왼발) 을 지면에서 떼었다가 다시 붙여주는 자세를 반복하며 상대방의 빈틈을 탐색하면서 공격타이밍을 기다리다 반격하는 스타일 이다 .

사우스포 (southpaw) - 왼손 잡이 정면   사우스포 (southpaw) - 왼손 잡이 측면

Technique 002

스텝

1. 워킹 스텝 (전진 , 사이드 , 스위치 , 턴 , 사선)

*잘쓰는 공격무기에 따른 파이터의 분류

① 무어이 카오 (Muay-Kao) 접근전 타격이후 상대방을 잡아 끌어내리며 , 무릎찍기 위주로 경기를 풀어가는 스타일 (장신이 대부분)
② 무어이 피머 (Muay-Femur) 스텝을 이용해서 치고 빠지며 , 타이밍을 잡아 카운터를 집어 넣는 스타일
③ 무어이 맛 (Muay-Mat) 펀치 위주로 시합을 풀어 가는 스타일
④ 무어이 쏙 (Muay-Sok) 팔꿈치 위주로 시합을 풀어 가는 스타일
⑤ 무어이 떼 (Muay-Te) 킥 (Kick) 위주로 시합을 풀어 가는 스타일

1) 전진 스텝

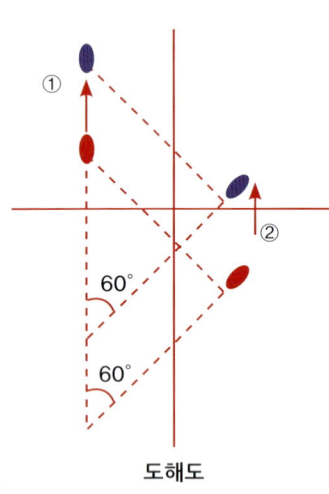

도해도

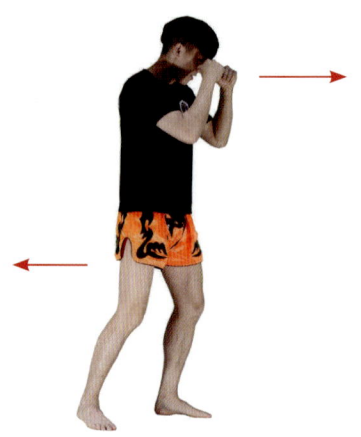

01 ▶ 제자리에서 앞뒤로 몸을 천천히 움직이며 스텝을 밝는다. 상체는 꼿꼿하게 세우지말고 한번은 앞쪽에 중심을 한번은 뒤쪽에 중심을 주며, 앞,뒤로 중심을 옮겨가면서 미세하게 몸을 흔들어 준다.

02 ▶ 뒤에 있는 발로 지면을 차주고 , 앞발을 일정거리 이동시켜준다.

03 ▶ 앞발이 이동한 만큼, 뒷발도 앞으로 이동한다.

04 ▶ 다시 한번 뒷발로 지면을 차주고, 앞발을 일정거리 앞으로 이동시켜준다.

05 ▶ 앞발이 이동한 만큼 뒷 발도 앞으로 이동한다.

2) 사이드 스텝 (side step) 좌측

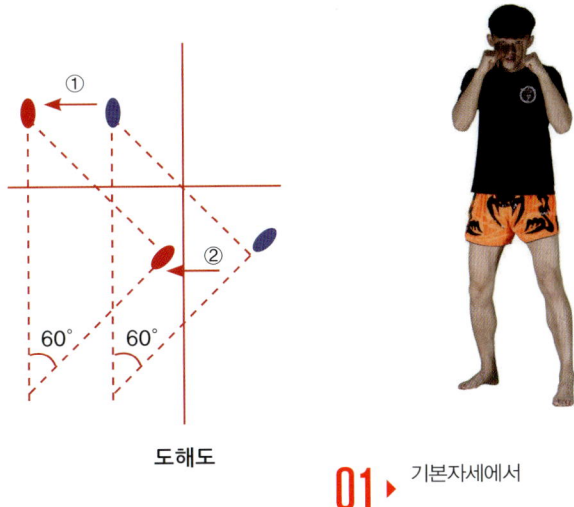

도해도

01 ▸ 기본자세에서

02 ▸ 왼발을 좌측으로 이동시켜주고

03 ▸ 왼발이 이동한 거리만큼 오른발도 좌측으로 이동시킨다.

3) 사이드 스텝 (side step) 우측

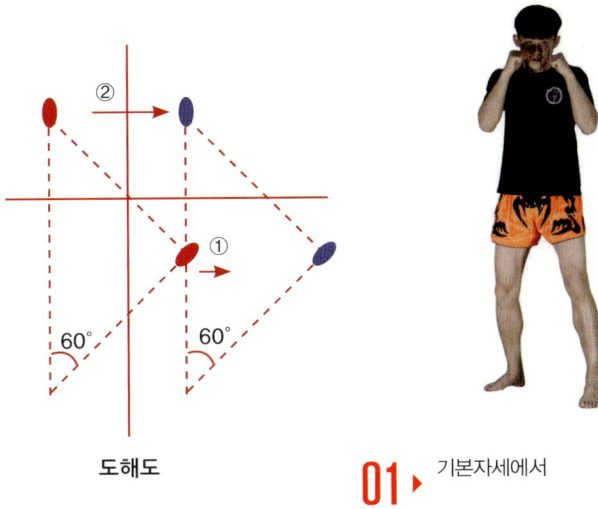

도해도

01 ▸ 기본자세에서

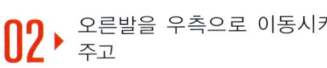

02 ▸ 오른발을 우측으로 이동시켜주고

03 ▸ 오른발이 이동한 거리만큼 왼발도 우측으로 이동시킨다.

Technique 002

스텝

1. 워킹 스텝 (전진 , 사이드 , 스위치 , 턴 , 사선)

4) 스위치 전진스텝 (orthodox-sauthpaw)

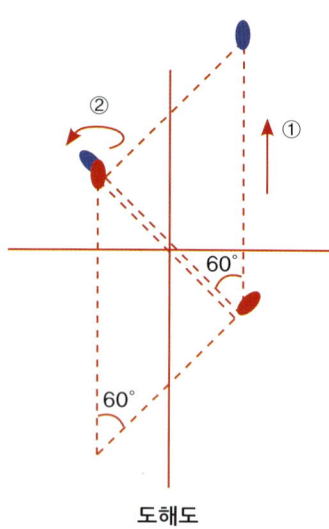

도해도

01 ▸ 오른손 잡이의 기본자세에서 뒤에 있는 발(오른발)을 앞에 있는 발(왼발)보다 앞으로 보내준다.

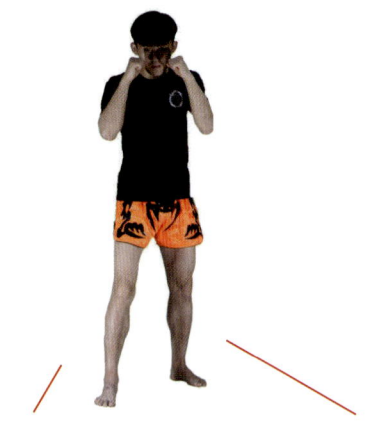

02 ▸ 최종적으로 몸의 중심이 왼쪽을 향해 열려 있는 자세가 된다.

5) 스위치 후진스텝 (sauthpaw-orthodox)

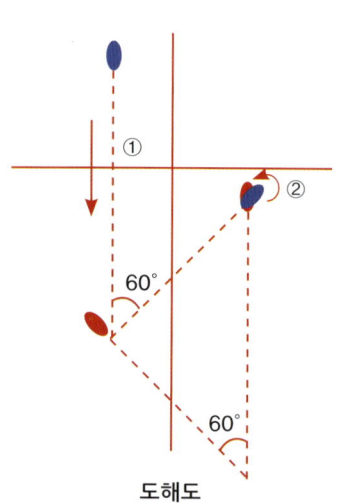

도해도

01 ▸ 오른손 잡이의 기본자세에서 앞에 있는 발(왼발)을 뒤에 있는 발(오른발)보다 뒤로 보내준다.

02 ▸ 최종적으로 몸의 중심이 왼쪽을 향해 열려 있는 자세가 된다.

* 스위치 : 자세를 바꾸는 것을 의미하며 , 여기에서는 오른손잡이에서 왼손잡이로 혹은 왼손잡이에서 오른손잡이로 자세의 변환을 말하는 것이다.

6) 좌측턴 (90°) 스텝

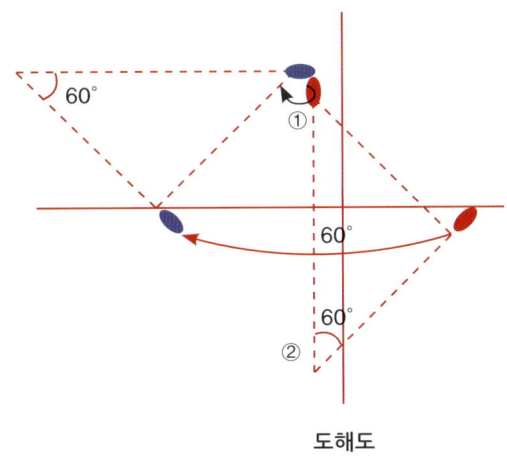

도해도

01 ▶ 오른손 잡이의 기본자세에서

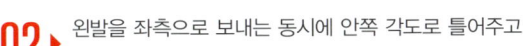

02 ▶ 왼발을 좌측으로 보내는 동시에 안쪽 각도로 틀어주고

03 ▶ 왼쪽발을 축으로 삼아 오른발을 시계방향으로 돌려준다. 처음자세에서 90° 돌아간 자세를 유지

Technique 002

스텝

1. 워킹 스텝 (전진 , 사이드 , 스위치 , 턴 , 사선)

7) 좌측 pivot 45° 스텝

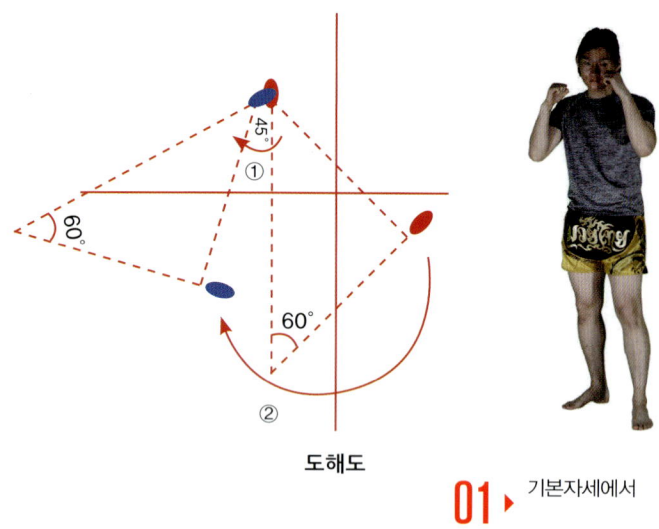
도해도

01 ▶ 기본자세에서

02 ▶ 앞발을 안쪽으로 살짝돌려 주고

03 ▶ 뒷발을 시계방향으로 회전 시켜준다.

8) 우측 (turn) 스텝

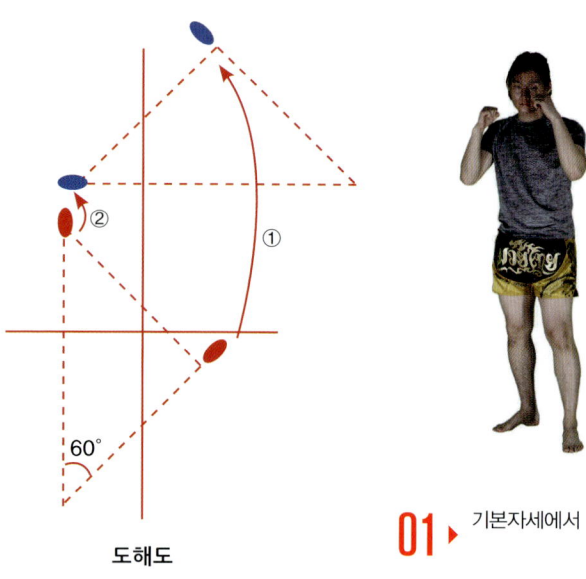
도해도

01 ▶ 기본자세에서

02 ▶ 무릎을 안쪽으로 돌려주며, 시계 반대 방향으로 뒷발을 이동시켜주고

03 ▶ 뒷발을 축으로 앞발을 옮겨 준다.

9) 우측 pivot 45° 스텝

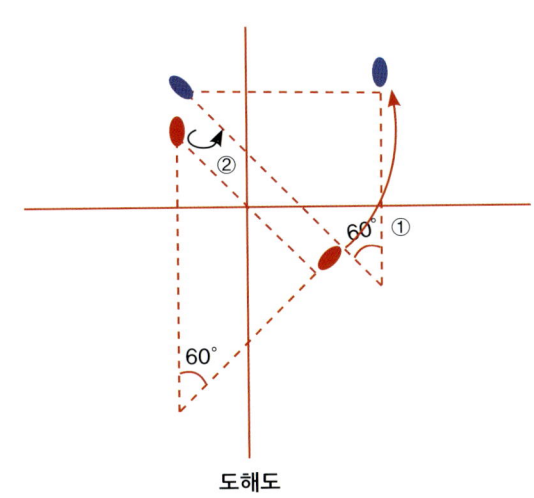

도해도

01 ▶ 기본자세에서

02 ▶ 뒷발 무릎을 안쪽으로 돌려주고, 시계 반대 방향으로 뒷발을 이동시킨다.

03 ▶ 뒷발을 중심축으로 하여 앞발을 이동시킨다. 기본자세에서 45° 돌아가 있는 자세

* pivot 와 turn 은 발이 이동하는 각도의 차이일 뿐이다. 단지, 상대방의 회전성 공격(뒤돌려 차기, 뒤돌며 팔꿈치 공격)에는 어설픈 45° 각도로 이동하다가 공격당할 수 있기 때문에 과감하게 90° 각도로 턴을 해줘야 한다. 이것 때문에 두가지 기술을 구별하여 수록하였다.

스텝

Technique 002

1. 워킹 스텝 (전진 , 사이드 , 스위치 , 턴 , 사선)

10) 우측 사선 백스텝 (Back step)

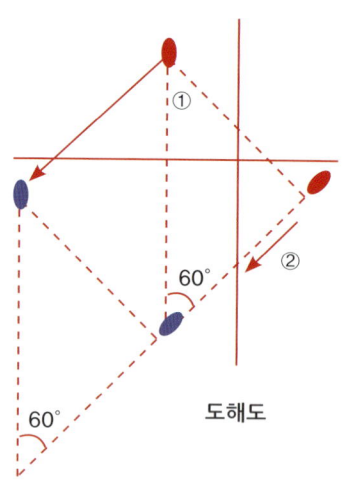

01 ▶ 기본자세에서

▶02 왼발을 좌측 후방으로 사선으로 움직인다.

03 ▶ 이어서 오른발도 똑같이 좌측 후방으로 사선이동시킨다.(이 스텝이 끝났을 경우 기본자세를 유지해야 한다.)

11) 좌측 사선 인스텝 (In step)

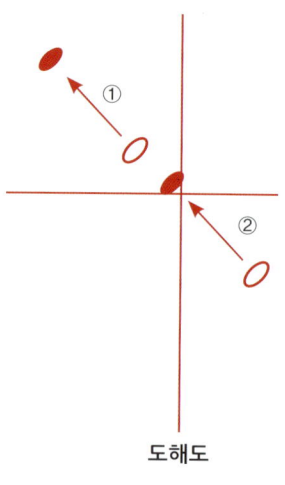

도해도

01 ▶ 기본자세에서

02 ▶ 왼발을 좌측전방으로 보내주고

03 ▶ 오른발을 같은 방향으로 끌어온다.

12) 우측 사선 백스텝 (Back step)

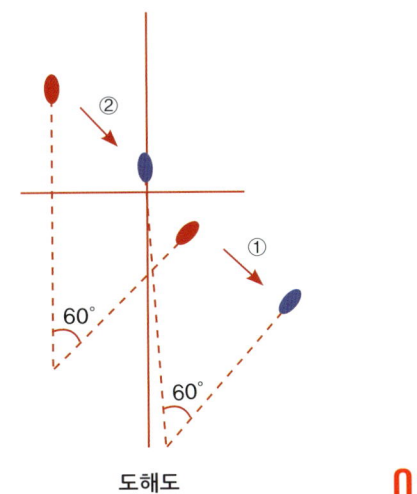

도해도

01 ▶ 기본자세에서

02 ▶ 오른발을 우측 후방으로 보내주고

03 ▶ 왼발을 같은 방향으로 끌어 온다.

13) 우측 사선 인스텝 (In step)

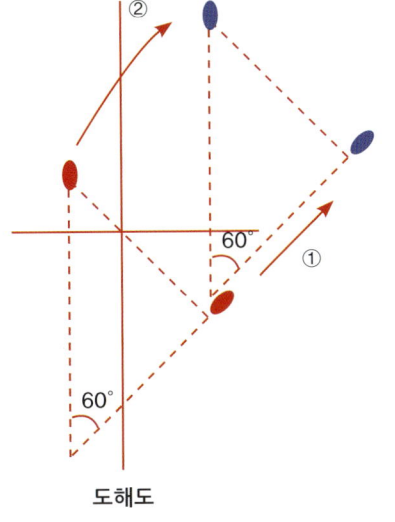

도해도

01 ▶ 기본자세에서

02 ▶ 오른발을 우측 사선으로 보내주고

03 ▶ 왼발을 같은 방향으로 끌어 온다.

스텝

2. 점핑 스텝

* 일정한 보폭을 유지해주고 앞, 뒷발을 동시에 앞, 뒤로 움직인다.
* 무릎을 살짝 구부린 상태로 착지하고 발목과 무릎이 위로 펴지는 탄력을 이용해 점핑해준다.
* 앞뒤 이동이 목표이므로 위쪽으로 과도하게 높이 뛰지 않도록 한다.

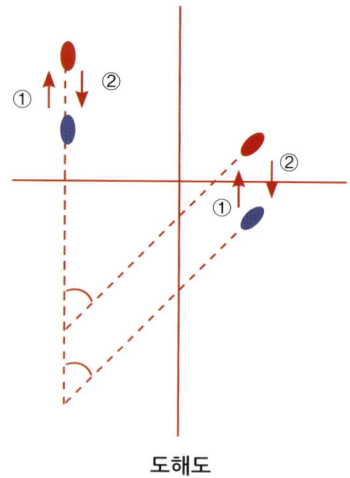

도해도

공격과 섞어 썼을 때 워킹스텝보다 속도가 빠르고 상대방의 거리감에 혼동을 주기 좋다. 단신의 선수가 가만히 서 있게 되면 장신 선수의 공격이 먼저 와닿을 확률이 높기 때문에 In and Out 을 통해 들어갈 때 들어가고, 빠질 때 빠지는, 전법을 취하는 것이 좋다.

* 전진 워킹스텝, 사이드 워킹스텝, 사선 워킹스텝은 점핑으로 바꾸어 사용할 수 있다.

01 ▶ 보폭을 유지한 상태에서

02 ▶ 양발을 동시에 점핑하여 앞으로 이동

03 ▶ 양발을 동시에 점핑하여 뒤로 이동

펀치

Technique 003

무에타이에 있어서 펀치의 역할

1) 펀치 (Mat)

펀치 자체가 주 목적일 수도 있지만 펀치이후 다른공격을 더 강하게 넣기위해 연속기의 중간조율 역할을 해준다.

01 ▶ 중간 강도의 펀치 타격 이후

02 ▶ 강한 로우킥 타격

03 ▶ 중간 정도의 펀치 타격 이후

04 ▶ 강한 니킥 타격

펀치를 치기 위한 주먹 쥐는 법

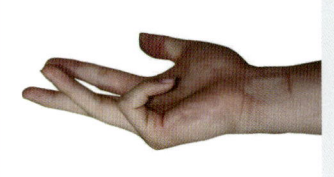

01 ▶ 새끼 손가락부터 천천히 구부려

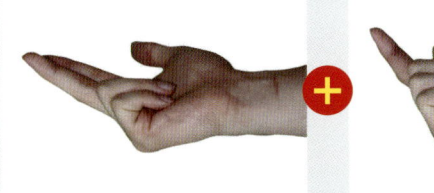

02 ▶ 아래에서부터 위로 순차적으로 접어올린다.

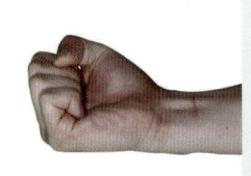

03 ▶ 맨 마지막 엄지는 검지와 중지의 경계선 위에 살며시 올려놓는다.

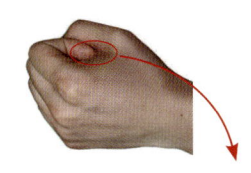

04 ▶ 목표물을 가격하기 이전까지는 세게 움켜쥐어 주먹 안 공간을 없애지 않는다. 세게 움켜쥘 때 근육이 경직되고 뻣뻣하게 되면 스피드는 반감된다. 체력 소모 역시 많아진다.

05 ▶ 목표물을 가격하는 타이밍에 주먹을 강하게 움켜쥔다.

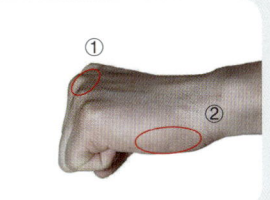

06 ▶ ① 기본적으로 타격이 일어나는 부분은 중지 뼈와 검지 뼈, 주먹의 너클파트 (Knuckle Part) 로 한다.

② Backspinning blow 같은 변형 공격일 경우 주먹의 살집이 많은 곳으로 가격해줄 수 있다.

Technique 003 펀치

2) 타격부위

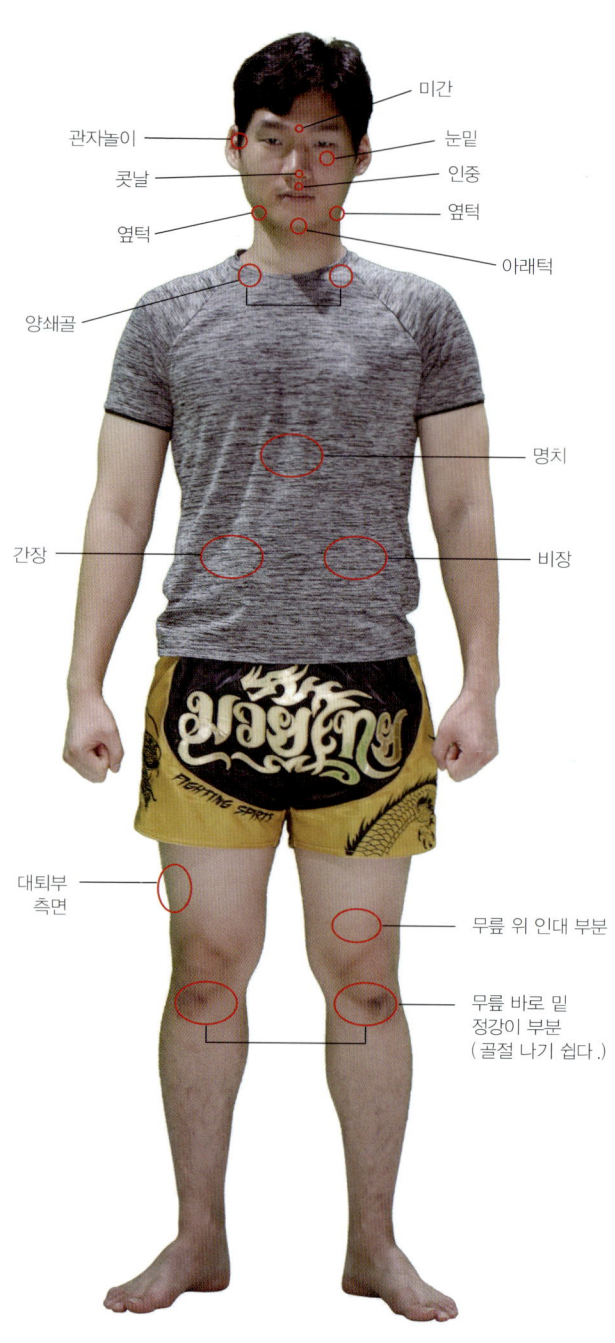
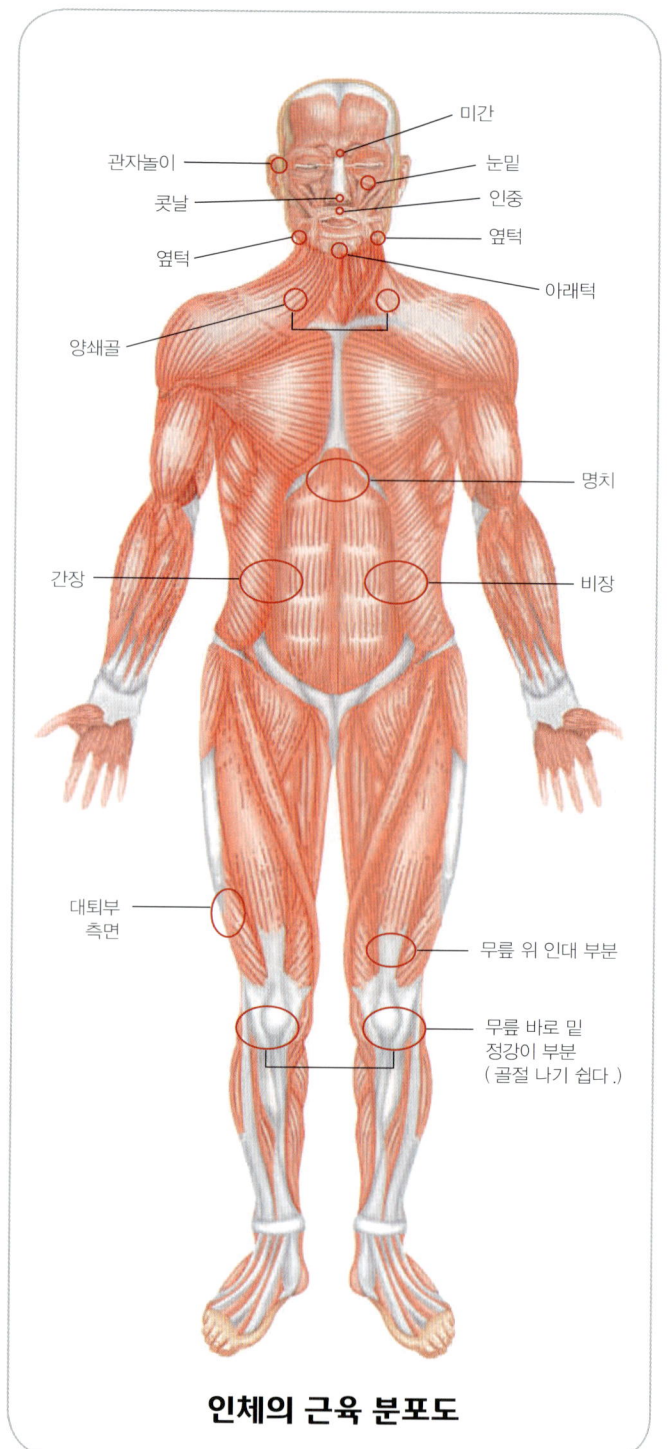

인체의 근육 분포도

3) 펀치의 종류

(1) 잽 (앞손)

01 ▶ 워킹스텝을 밟아주다가

02 ▶ 뒷발로 지면을 밀어내고, 앞발은 한발자국 앞으로 디뎌주며

03 ▶ 앞발이 매트에 닿는 순간과 손을 뻗어 타격을 가하는 순간을 일치시킨다. 반대쪽 손은 떨어뜨리지 말고 가드를 잘 유지한다.

04 ▶ 타격이 이루어지고 난후 발과 함께 돌아온다. 직선으로 뻗어줄 때 이상의 속도로 회수해 온다.

05 ▶ 주먹은 세로로 세우고 있다가 타킷을 때려줄 때 반바퀴 회전시키며, 손목의 스냅을 만들어준다.

06 ▶ 잽(Jab) 스트레이트 공격 시 반대쪽 가드높이가 허술하면, 하이킥 등의 반격을 허용할 수 있다.

Technique 003 펀치

(2) 스트레이트 (뒷손)

01 ▶ 기본자세에서

02 ▶ 뒷발 뒤꿈치를 바닥에서 살짝 들어 올려 무릎, 골반을 좌측으로 살짝 틀어주고, 팔꿈치는 몸통에 붙이고 있다가 앞을 향해 조금 밀어준다.

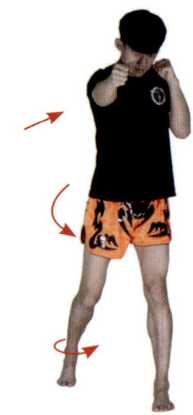

03 ▶ 팔꿈치가 앞을 향해 몸통에서 떨어질 때 순간적으로 가속도를 내며 일직선으로 팔을 뻗어준다. 앞발은 고정대의 역할이므로 지면에 안정적으로 대주고 있어야 한다.

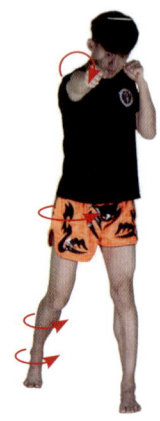

04 ▶ 타킷을 가격할 때 잽과 마찬가지로 주먹은 반바퀴 돌려 손목 스냅을 만들어주고, 뒤꿈치, 무릎, 골반, 힙, 어깨는 왼쪽으로 최대한 틀어준다.

05 ▶ 상대방을 향해 직선 스트레이트를 내지른 이후

06 ▶ 뻗어준 주먹을 회수하되, 돌아갔던 뒷발을 제자리에 돌려놓는 타이밍과 주먹 회수 속도를 일치시킨다. (끊어치기 완성)

스트레이트 펀치의 잘못된 예

01 ▶ 펀치를 뻗어 가격해준 이후

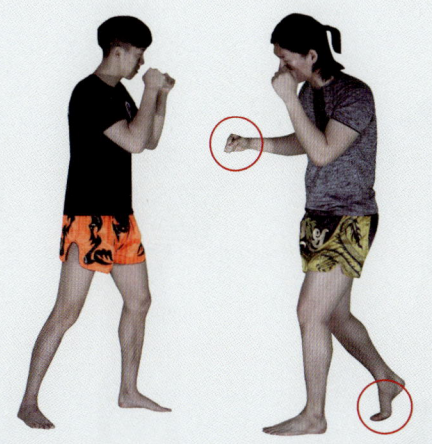

02 ▶ 발이 원상태로 돌아오지 못했고, 뻗은 손 또한 원래대로 돌아와 안면을 방어 해주어야 하는데 그러지 못했다.

03 ▶ 팔꿈치는 앞으로 밀어서 일자 형태를 만들어야 하는데, 옆으로 들려서 몸통에서 떼어지게 되면 몸통의 회전력이 아니라 단순한 팔힘으로 상대를 가격하게 된다.

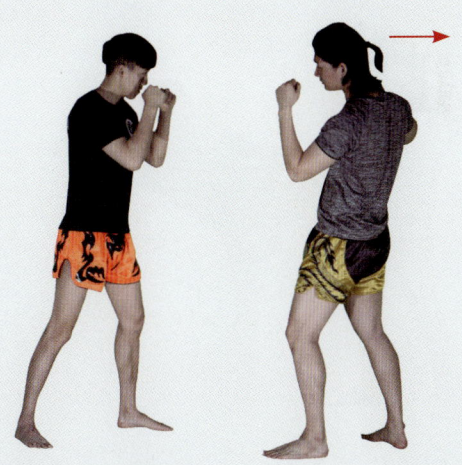

04 ▶ 세게 치려는 생각으로 팔을 뒤로 제끼는 경우 공격의 템포가 느려져 역공을 당하기 쉽고, 상대방이 어느 쪽에서 공격해오는지 눈치채기 쉽다.

* 타이복서들은 타이어 샌드백 위에 고무의 저항을 이겨내며 끝까지 주먹을 꽂아 넣는 펀치 연습도 많이 한다.

Technique 003 — 펀치

Faint Skil

상대적으로 단신인 사람들이 거리를 좁히며 스트레이트 펀치를 날릴수 있는법

01 ▶ 마주한 상태에서

02 ▶ 뒷발을 앞으로 이동시킨다. 보통의 전진스텝에 비해 이동이 빠르고, 상대방이 접근을 알아차리기 힘들다

03 ▶ 이후 앞발을 다시 한번 앞으로 이동시키고 거리를 좁힌 후

04 ▶ 킥공격

05 ▶ 혹은 펀치공격

(3) 원투 스트레이트

01 ▶ 앞발을 한 스텝 앞으로 가면서 Jab 으로 공격한다. 이때 반대쪽 손은 안면부에서 떨어지지 않게 한다.

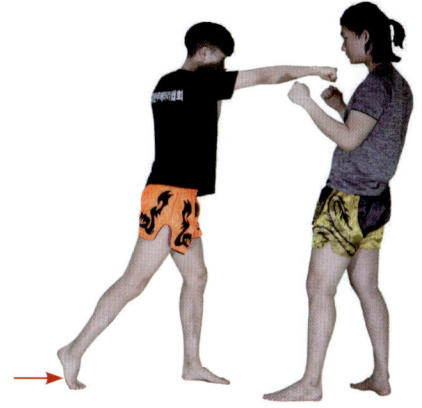

02 ▶ 뒷발은 바닥에 끌리지 않게 가볍게 이동 시켜주고 바닥에 내려놓으며 뒷손 스트레이트

* 원투 스트레이트 동작중 주의점

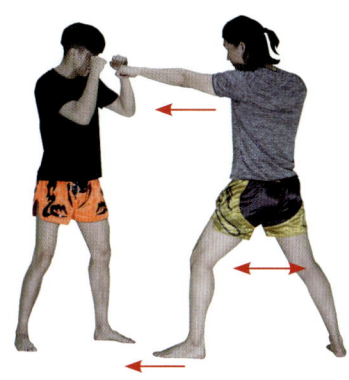

01 ▶ 잽을 던져준 이후 오른발이 앞으로 따라가지 않게되면 앞뒤 간격이 넓어진다.

02 ▶ 허벅지 안쪽에 로우킥을 허용할 수 있고 Sweep 성 (걸어 넘어뜨리기) 성격을 지니고 있는 로우킥으로 차는 경우 바닥에 넘어질 수도 있다.

Faint Skil

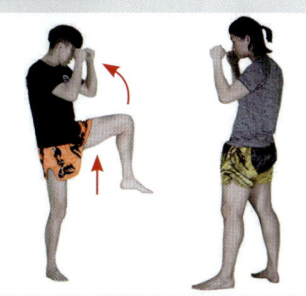

01 ▶ 앞 밀어 차기 (Push Kick) 를 할 것처럼 앞발을 위로 들어 올려주고, 이때 상체를 살짝 뒤로 젖힌다. 속이기 위한 동작이지만 간결하고 힘차게 해야 상대방이 속는다. (페달 달린 자전거에서 역으로 페달을 감는듯한 동작을 연상하며 페인트모션을 취할 것)

02 ▶ 아래에서 뭔가 올라온다는 걸 감지한 상대방의 가드가 떨어짐.

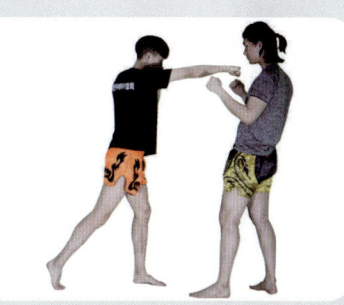

03 ▶ 이후 원투 스트레이트 공격

Technique 003 — 펀치

* 스위치 (Switch) 를 활용한 페인트 스킬 (Faint Skill)

(오른손잡이 → 왼손잡이)

* 스위치 : '바꾸다', '전환하다' 라는 뜻인데 여기에서는 오른손잡이가 왼손잡이로 바뀌거나 왼손잡이가 오른손잡이로 바뀌는 걸 의미한다.

01 ▶ 왼손 잽으로 상대방을 공격 후

02 ▶ 오른발 뒷발을 들어 공격할 것 같은 제스처를 취해주고

03 ▶ 왼발보다 앞에 위치시켜 왼손잡이가 된 상태에서 뒷손 (왼손) 스트레이트로 상대방을 가격

(왼손잡이 → 오른손잡이)

01 ▶ 오른손 잽으로 상대방을 공격 후

02 ▶ 왼발 뒷발을 들어 공격할 것 같은 제스처를 취해주고

03 ▶ 오른발보다 앞에 위치시켜 오른손 잡이가 된상태에서 뒷손 (오른손) 스트레이트로 상대방을 가격한다.

Technique 003

> *뒷손 스트레이트를 사용한 Faint Skil

01 ▶ 원, 투 스트레이트로 공격을 가하고

02 ▶ 스트레이트를 가하는 것처럼, 상대방의 얼굴을 향해 손을 뻗어 가다가 상대방의 뒤통수를 움켜잡는다.

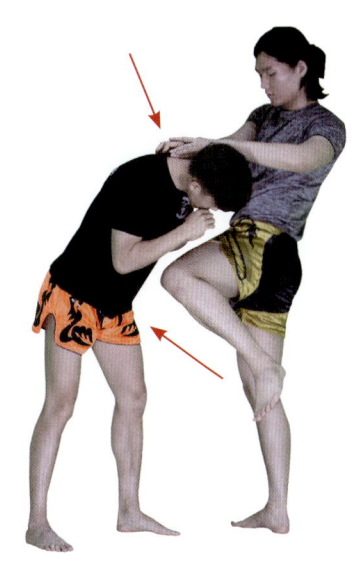

03 ▶ 나머지 손도 포개어 올린 후 양손을 상대방을 아래로 잡아당기면서 니킥으로 공격한다.

Technique 003 — 펀치

(4) 더블 잽 (Double-jab)

01 ▸ 기본자세에서

02 ▸ 뒷발은 지지하고 있는 지면을 차주고, 앞발은 한걸음 앞으로 옮기면서 지면에 발이 닿는 타이밍에 상대방에게 타격을 넣는다.

03 ▸ 뻗었던 손을 회수해 준후

04 ▸ 다시 한번 뒷발로 지면을 차주고 앞발이 지면을 밟을 때 타격을 넣어준다.

05 ▸ 스텝없이 주먹만 뻗지 않도록한다.

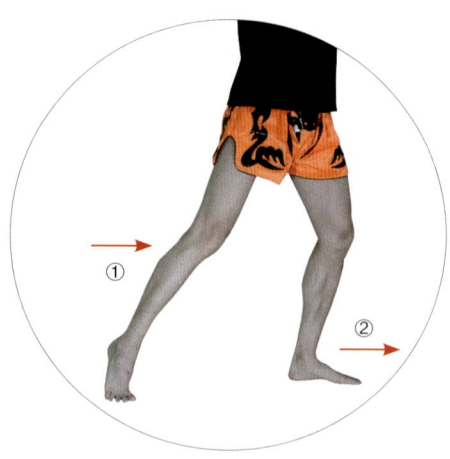

06 ▸ ① 뒷발의 앞축으로 지면을 밀어내주고, ② 앞발은 전진한다.

(5) 보디 (Body) 잽 (Jab) – (말그대로 몸통쪽에 꽂아넣는 잽 (Jab) 이다)

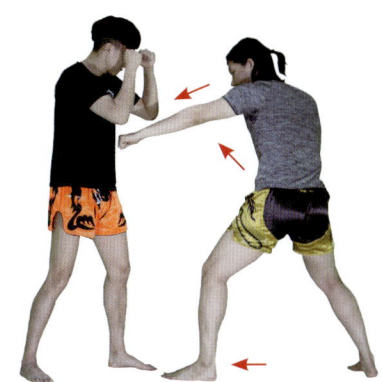

01 ▶ 복싱의 잽과는 약간 동선이 다른데, 위에서 밑으로 내리꽂아주는 주먹을 사용한다. 상체는 오른쪽으로 살짝 비틀어준다.

02 ▶ 주의) 중심을 아래로 옮기면서 상체가 과도하게 밑으로 내려가면

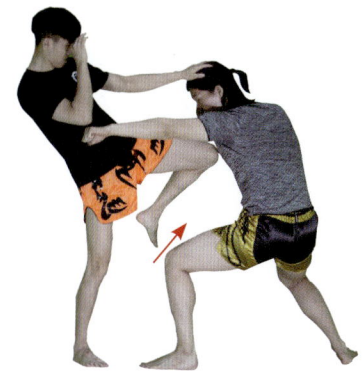

03 ▶ 상대방의 니킥 반격을 허용할 수 있다.

04 ▶ 주의) 상체를 오른쪽으로 틀지않고 정면인 상태에서 공격을 가하면

05 ▶ 안면에 반격을 허용할 수 있다.

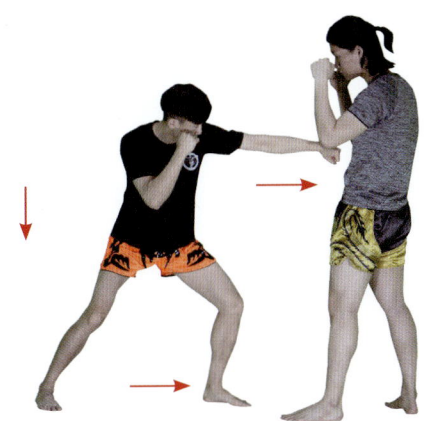

06 ▶ 중심을 낮추어 무릎을 구부려 (Body Jab) 을 가해주고

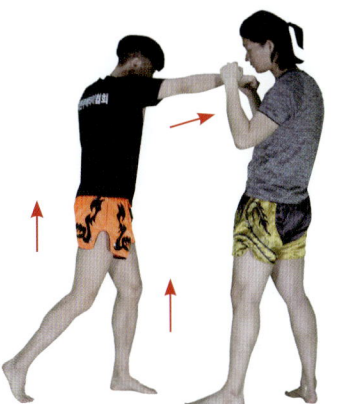

07 ▶ 무릎을 펴주며 중심을 위로 끌어올려주고, 안면 스트레이트 (하 · 상 연타) 연결 공격이 가능하다.

Technique 003 — 펀치

(6) 보디 스트레이트 (Body Straight)

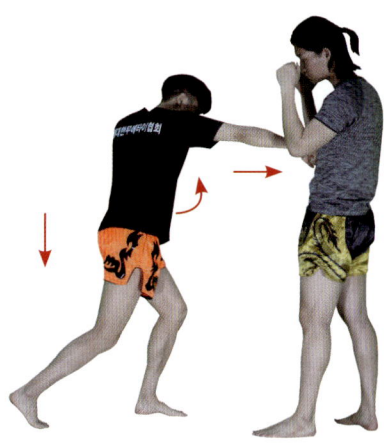

01 ▶ 스트레이트를 복부(명치)에 꽂아 넣는 기술이다. 보디 잽과 마찬가지로 과도하게 무릎을 낮추는 동작을 피해주고 상체는 왼쪽으로 틀어준다. 안면으로 날아오는 공격에 대비할 수 있다.

앞발 자극을 이용한 스트레이트 카운터 Skill

* 앞발로 상대방의 거리감에 혼돈을 주고 받아치는 스트레이트 카운터 Skill

상대방과 실제 거리 ①
착시를 일으킬 수 있는 앞발의 움직임 ②

01 ▶ 상체를 뒤로 제낀 상태에서 (체중분산 : 뒷발 80%, 앞발 20%) 앞발만 상대에게 가까이 대놓는다.
① 과 같이 실제 거리가 멀지만
② 처럼 발을 앞에 놓아줌으로써 상대방은 타깃이 실제보다 가까운 곳에 있는듯한 착시를 느낀다.

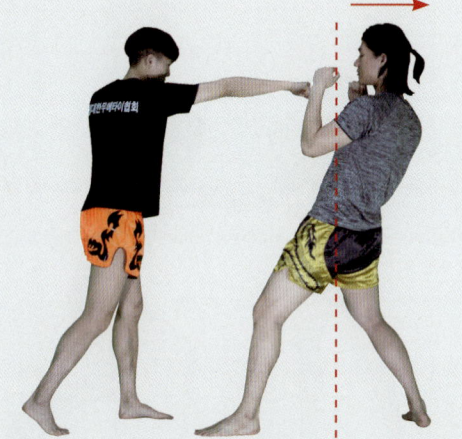

02 ▶ 거리감에 혼동이 온 상대방이 팔을 뻗어오면 상체를 살짝 뒤로 더 제껴 공격을 빗나가게 한다. '처음부터 먼 거리였기 때문에' 살짝만 뒤로 제껴도 공격을 빗나가게 하는 것이 가능하다.

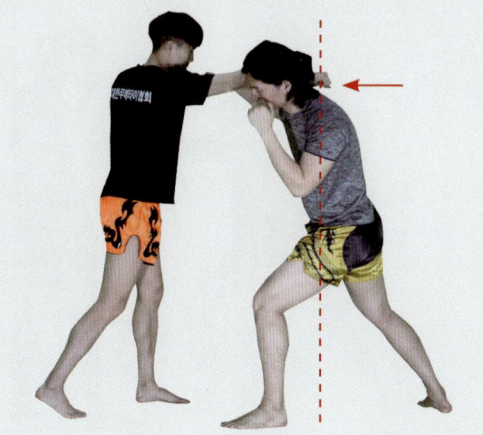

03 ▶ 이후 중심을 앞으로 옮겨주면서 상대방에게 스트레이트를 이용해 가격한다.

Technique 003

(7) Jab 에 대한 회피및 방어

① "쓱빡" 혹은 "쓱빵"

01 ▶ 뒷발은 옆으로 사이드 스텝을 밟아주며 상체를 우측으로 돌려 잽을 피해주고

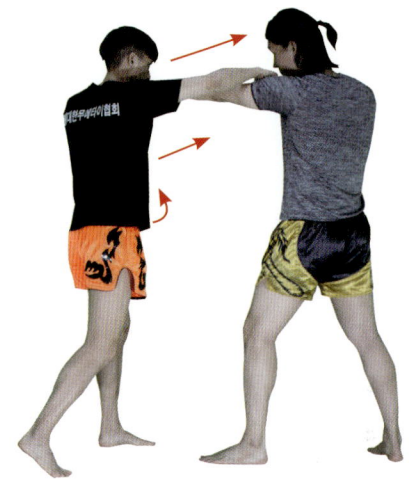

02 ▶ 바깥에서 안쪽을 향해 스트레이트를 날려준다.

② 방어하고 곧바로 추격하며 반격

01 ▶ 양팔 가드를 오므려 잽을 블로킹 해주고

02 ▶ 상대방 팔이 회수될때 쫓아가면서 스트레이트를 날린다.

③ 롱가드 (Long guard/Dracula guard)

01 ▶ Long guard 는 무에타이의 전형적인 방어 자세인데, 앞 손을 일직선으로 뻗은 상태에서 왼쪽 어깨로 턱을 보호해주고, 뒷손은 가로로 뻗어 팔날로 안면을 보호한다. 오른쪽 어깨도 마찬가지로 턱을 보호해주는 자세이다.

* 드라큘라 가드라고도 불린다. p49 에서 상세히 다시 서술하겠다.

Technique 003

펀치
(8) 훅 (Hook)

1) 레프트훅 (Left hook)

01 ▸ 기본자세

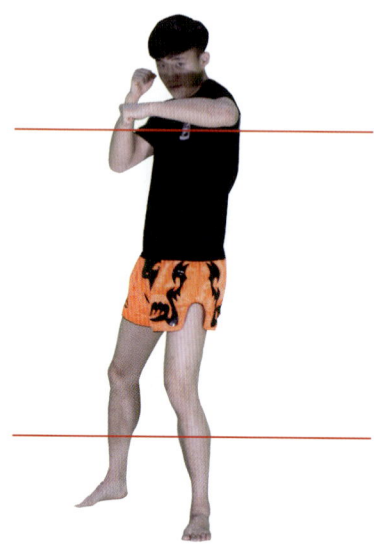

02 ▸ 훅은 스트레이트와 달리 팔꿈치를 몸 옆으로 들어올려 팔을 바닥과 평행인 가로로 만들어야 한다.

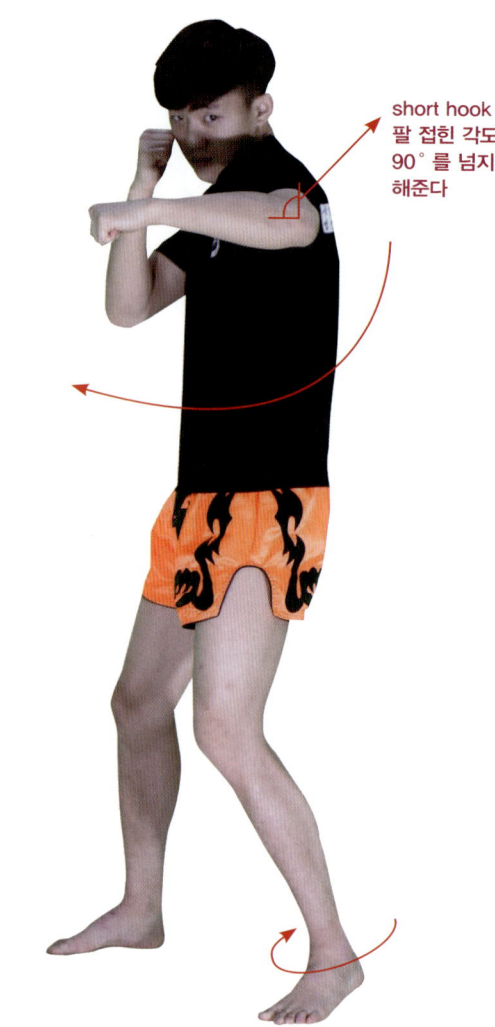

short hook 은 팔 접힌 각도가 90°를 넘지 않게 해준다

03 ▸ 상체의 회전을 이용하여 (오른쪽으로 상체를 틀어) 상대방의 관자놀이, 옆턱, 아래턱을 노려 낚시바늘로 꿰어차듯 타격을 해준다. 어깨는 최대한 턱에 가까워질 수 있게 당겨준다. 단발성으로 강하게 칠 때는 앞발도 뒤꿈치를 띄운 상태에서 돌려주는 것이 좋다.

* 연타 공격을 하고자 할 때, 앞발을 돌리게 되면 연타 속도가 늦어진다.

훅 (Hook) 이라는 말은 갈고리 , 낚시바늘을 뜻한다 . 물고기를 낚을 수 있게 만들어진 낚시바늘의 구부러진 각도는 90°가 되지 않는데 이 모양을 연상하면 타격할 때 도움이 될것이다 . 대부분 근거리 공격이나 변칙적으로 원거리에서 롱훅 가격이 가능하다 .

Technique
003

2) 라이트훅 (Right hook)

01 ▶ 상체를 왼쪽으로 틀어주고 이때 오른발 (뒷발) 을 뒤꿈치 띄운 상태에서 왼쪽으로 돌려준다 .
  * 팔의 각도가 좁은 쇼트 훅은 위력적이지만 장거리 공격인 미들킥과 섞어 쓰기엔 적합하지 않다 .

02 ▶ 근거리 쇼트훅 이후에

03 ▶ 장거리 미들킥 연타는 이루어 질 수 없다 .

04 ▶ 쇼트훅보다 약해도 궤도가 큰 중거리훅을 주어야

05 ▶ 미들킥 연결이 자연스럽다 .

* 킥과 섞어쓰다보니 복싱보다 주먹의 각도가 커지는 일이많다 .
* 중 · 장거리 훅은 쇼트훅과 달리 팔 각도가 90 °를 넘을 수 있다 .

Technique 003

펀치
(8) 훅 (Hook)

샌드백을 치거나 스파링을 할때 손목에 통증을 유발할 수 있는 나쁜자세

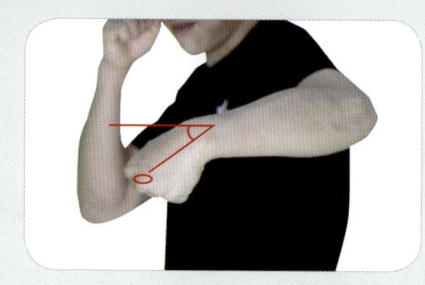

팔목과 너클파트는 일직선을 유지해야 하는데 과도하게 손목을 밑으로 꺾어 놓은 자세라 타격이 이루어질 때 손목이 더욱 꺾일 수 있다. 통증, 부상 발생의 위험이 높다.

combination 연속타격 (원투 + 레프트 훅 + 뒷발킥)

01 ▶ 원투

02 ▶ 라이트 스트레이트 공격 시, 상체는 좌회전

03 ▶ 앞손 중거리 레프트훅 공격 시 상체는 우회전

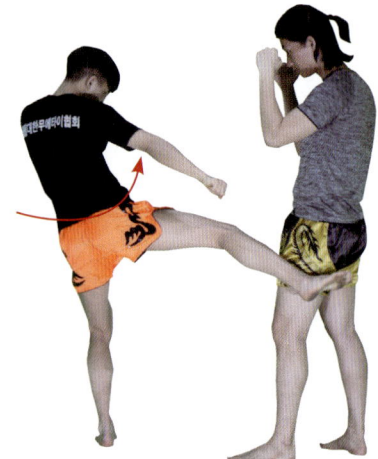

04 ▶ 뒷발 low Kick 공격 시 상체는 다시 좌회전

05 ▶ 뒷발 Middlekick 공격 시에도 상체는 좌회전
* 팔·다리의 단순근력 사용이 아니므로 상체의 회전운동에 초점을 맞추며 연타를 완성한다.

Technique 003

combination 원투 + 뒷발킥 + 앞손훅

01 ▸ (상체 우회전) 잽스트레이트

02 ▸ (상체 좌회전) 라이트 스트레이트 온 힘을 다하여 치지 말고 시야에 장애물을 박아 넣는다는 생각으로 찔러 넣는다.

03 ▸ (상체 좌회전) 상대방 시야가 가려지면 같은쪽 뒷발로 미들킥을 가해주고

04 ▸ (상체 우회전) 킥을 회수해주고 원 위치한 다음 레프트 앞 손 훅으로 마무리한다.

펀치

(8) 훅 (Hook)

combination 안면잽 + 보디스트레이트 + 앞손안면훅 + 로우킥

 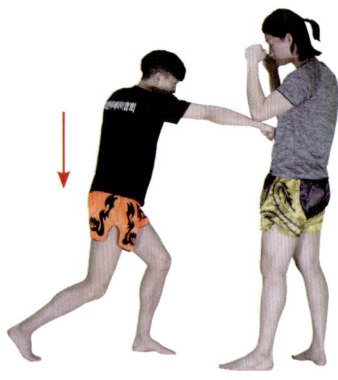  

01 ▶ 앞발을 보내주면서 잽스트레이트

02 ▶ 중심을 살짝 낮추어 상대방의 명치를 가격한다

03 ▶ 뒷발을 끌어당겨 주고 위로 일어서면서 앞손 훅

04 ▶ 이후 뒷발 로우킥으로 마무리한다.

combination 전진 원투 + 레프트훅 + 라이트훅

 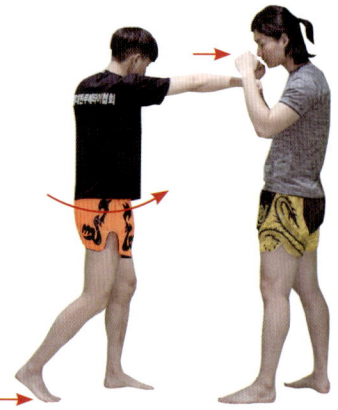 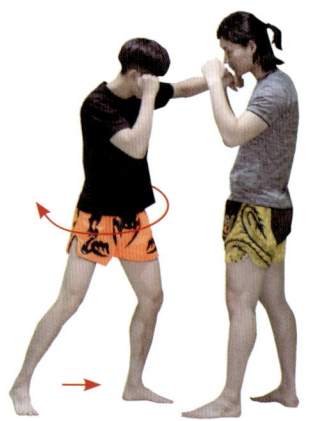 

01 ▶ 왼발을 일보 전진하면서 왼손잽

02 ▶ 뒷발이 따라오면서 오른손 스트레이트 (뒷발이동시 바닥에 질질 끌지 않도록 한다.)

03 ▶ 왼발 일보 전진하면서 레프트훅

04 ▶ 뒷발 따라오면서 라이트훅

Technique 003

> * 단발성 카운터 훅

01 ▶ 상대방을 자세히 관찰한다.

02 ▶ 공격자가 스트레이트를 던질 때 반대편 가드가 떨어지는 유형이면 슬립으로 스트레이트를 피해주며 낮아진 가드 위쪽으로 훅을 꽂아준다.

> combination 훅 3 연타

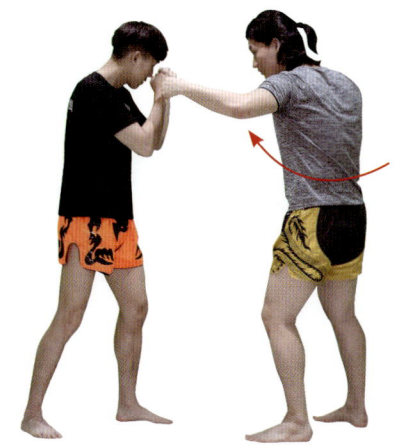  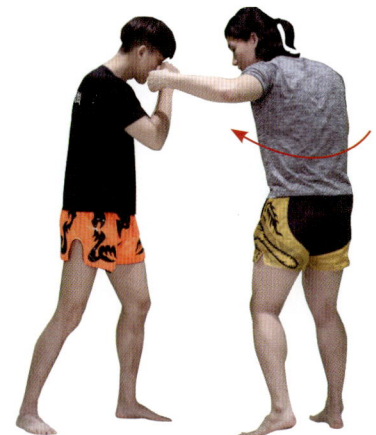

01 ▶ 허리 회전을 이용하여 훅1타 (타격의 강도는 약 또는 중간 정도)

02 ▶ 허리 역회전을 이용하여 훅 2 타 (타격의 강도는 약 또는 중간 정도)

03 ▶ 허리 회전을 이용하여 훅 3 타 (타격의 강도는 강하게)

> 연타 공격 시 모든 공격은 강하게 하는 것보다, 목표인 메인 공격의 강도를 제일 세게 해주고, 나머지 공격들은 약하게, 혹은 중간 정도의 강도로 한다. (타격의 리듬감 필요)

Technique 003

펀치
(8) 훅 (Hook)

3) 더블 훅 (Double hook)

① 안면 + 안면

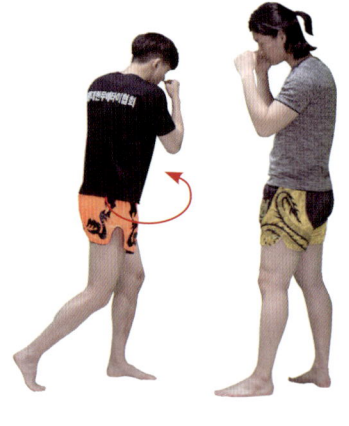

01 ▶ 훅을 세게 던지기 위해 상체를 왼쪽 뒤로 살짝 제껴준다

02 ▶ 역회전 시키며 훅을 던져준 이후

03 ▶ 주먹을 회수하며 상체를 다시 한번 좌측 후방으로 제껴주고

04 ▶ 역회전 시켜주며 두 번째 훅을 꽂아준다.

② 안면 + 보디

05 ▶ 안면으로 훅을 던져주고

06 ▶ 주먹을 회수하며 좌측 후방으로 상체를 제껴주고

07 ▶ 몸통쪽으로 보디훅

Technique 003

* 접근전 펀치는 훅 연타로 섞어주는 경우보다 어퍼·훅 연타로 섞어주는 경우 상대방이 디펜스 하기 더 까다로워진다.

01 ▸ 접근전을 훅위주로 풀어가면, 상대방은 상체를 낮춰서 피하기 쉬운데

02 ▸ 훅에 어퍼가 섞이게 되면, 상체를 밑으로 낮추는 방법을 쓰기 어렵게 된다.

* 훅에 대한논란 첫 번째 – 훅은 주먹을 세로로 하여 치는것이 옳은가, 가로로치는것이 옳은가?
결론적으로 둘다 맞다, 견해의 차이를 보이기도 하나 근거리에서는 세운모양으로 만들어 쳐주고 원거리에서는 누인모양으로 만들어 쳐주는게 너클파트에 타격이 걸릴확률이높다.
반대로, 보시는 분들도 있어서 저자의 생각이 100% 맞다라고 할순 없지만 복싱보다 펀치의 궤도가 큰 무에타이 경기나 MMA 경기에서 네임드 선수들이 던지는 훅 모양을 보아도 롱훅(long hook)은 주먹을 안쪽으로 돌려주면서 납작하게 만들어 주는 경우가 많다.

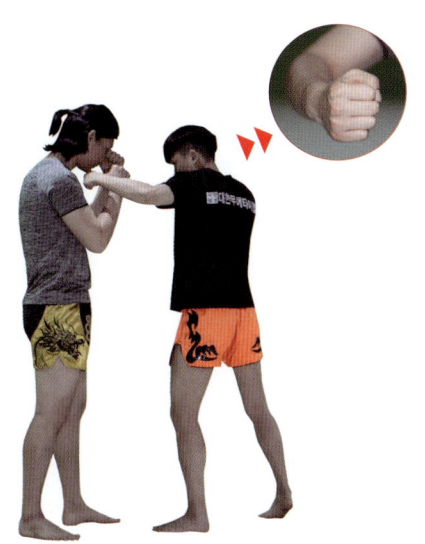 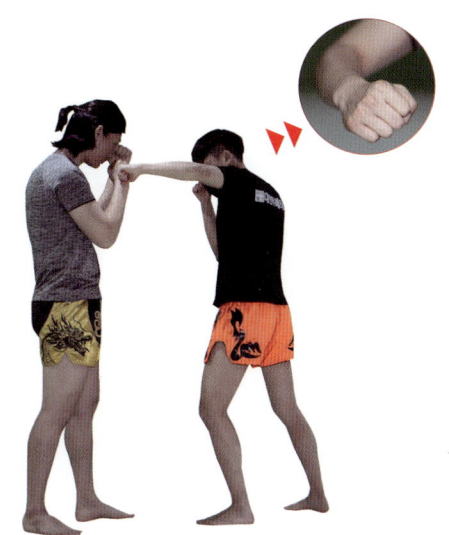 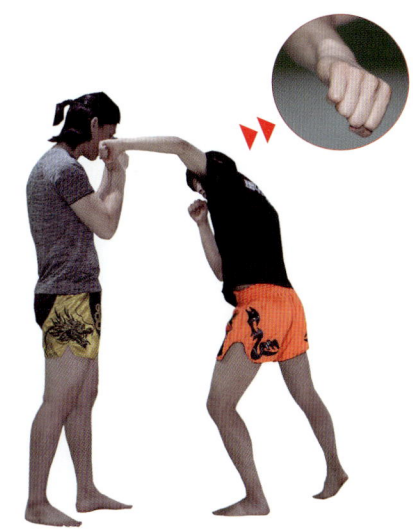

03 ▸ 가까운 거리에서는 전완근, 이두근 사이 각도가 좁고 주먹이 세워져있다.

04 ▸ 중거리에서는 주먹을 안쪽 각도로 살짝 비튼 상태에서 훅이 나가야 손가락이나 주먹 외부에 부상이 없다

05 ▸ 원거리 에서의 롱훅(Long hook)은 주먹 각도가 극단적으로 안쪽을 향해 돌아간다.

펀치

(8) 훅 (Hook)

훅에 대한논란 두 번째

앞손훅을 때릴때 앞발을 회전해주는것이 좋은가 ?, 회전하지 않고 놓아두는것이 좋은가 ?

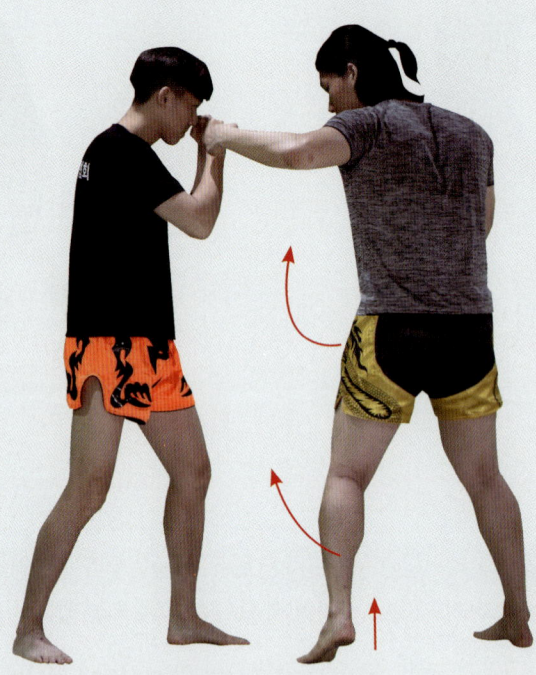

단발성으로 강하게 레프트 훅을 때릴 때에는 앞발 뒤꿈치를 지면에서 띄운 상태로 무릎을 안쪽 각도로 돌려주며 타격을 가해주면 좀 더 강한 충격을 줄 수 있다.

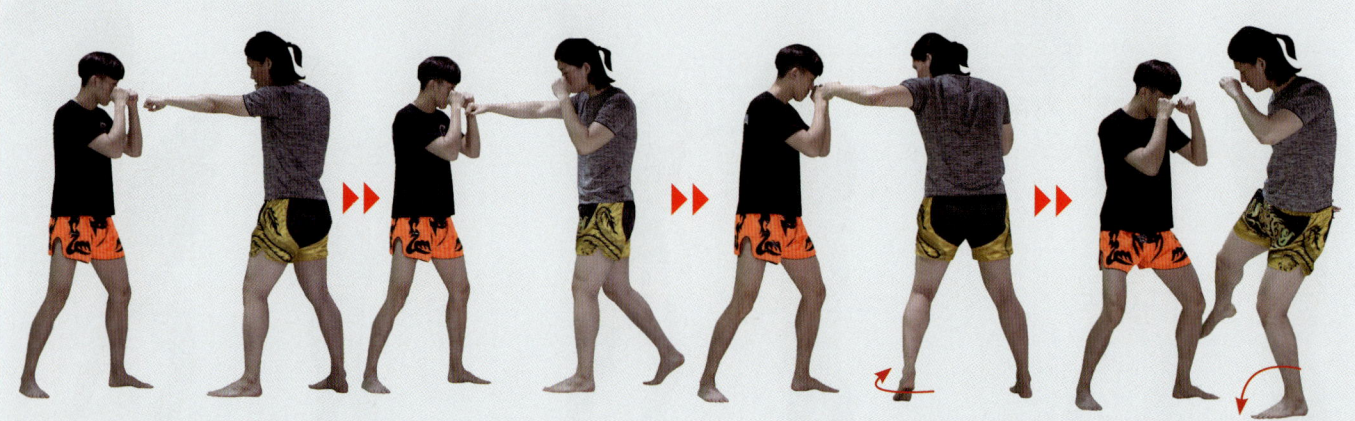

01 ▶ 원투 스트레이트 이후 앞손 레프트훅 연타 공격 일시 앞발을 돌려줘도 되지만

02 ▶ 훅 이후에 또 다른 펀치나 킥 등 **후속 타격이 있는 경우**에는 안쪽으로 돌아간 발을 다시 바깥쪽으로 돌리는 데 시간이 많이 걸리므로 앞발을 돌리지 않는 것이 좋다.

Technique 003

* Faint skll 훅 + 훅 (faint) + 그립 + 니킥

앞 손 훅으로 타격

01 ▶ 타격 후 팔을 회수하면서 상체를 좌측으로 틀어주고 더블훅을 날릴 준비

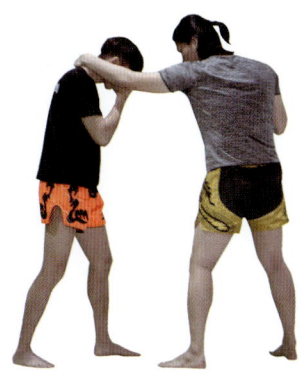

02 ▶ 두번째 훅을 날리는 것처럼 팔을 휘두르되 상대방의 뒤통수에 얹어 놓고

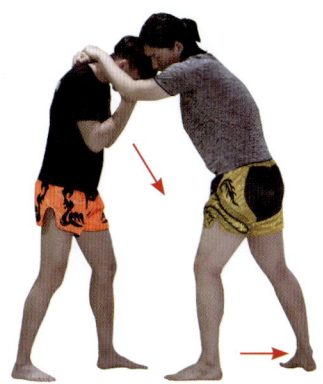

03 ▶ 나머지 손도 뒤통수에 얹어 그립을 완성해준 이후, 뒷발을 한 스텝 뒤로 보내는 동시에 상대방의 상체를 아랫방향으로 끌어내린다.

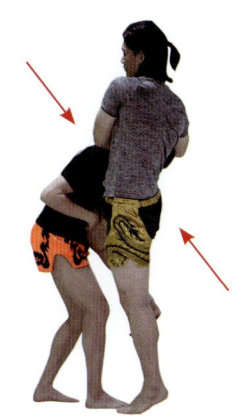

04 ▶ 이후 힘을 앞으로 넣어주며 니킥 가격 (상체를 끌어내리며 무릎을 올려준다. 디딤발 뒤꿈치는 지면에서 떼준다)

Technique 003 펀치
(8) 훅 (Hook)

> * Faint skll 훅을 걸어주고 상대방의 중심을 흩뜨려둔 이후의 니킥

01 ▶ 훅으로 타격을 가해주고

02 ▶ 좌측으로 상체를 틀어 주면서 주먹을 회수한뒤

03 ▶ 뒷발을 대각선 방향으로 상대방의 앞발 옆으로 이동 시키는 타이밍과 맞추어 상대방의 앞손 가드 안쪽에 훅을 걸어준다

04 ▶ 이후 오른팔을 상대방 뒤통수에 걸어준 다음

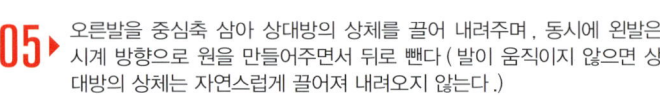

05 ▶ 오른발을 중심축 삼아 상대방의 상체를 끌어 내려주며, 동시에 왼발은 시계 방향으로 원을 만들어주면서 뒤로 뺀다 (발이 움직이지 않으면 상대방의 상체는 자연스럽게 끌어져 내려오지 않는다.)
* 발이 뒤로 빠지는 스텝과 상체를 잡아내리는 움직임이 타이밍이 맞아 떨어지는것이 중요하다.

06 ▶ 이후 상대방의 상체를 아래로 잡아당기며 니킥을 가한다.

Technique
003

* 더욱 강력한 훅을 치기위한방법

01 ▶ 양무릎을 살짝 굽히고 전반적으로 중심을 낮추어주고

02 ▶ 하체의 힘을 이용 무릎을 펴면서 훅으로 상대방을 가격한다.

* 하체의 힘을 동원하여 가속도와 파워를 더해줄 수 있다.

Technique 003 — 펀치

(9) 어퍼컷 (uppercut)

1) Left 안면 어퍼컷 (앞손)

01 ▶ 상체를 우측으로 틀어주고 타격이 끝났을 때, 높이는 눈썹 정도에 맞춘다. 같은쪽 발이 지면을 차주는 힘을 이용한다.

2) Right 안면 어퍼컷 (뒷손)

02 ▶ 상체를 좌측으로 틀어주고 타격이 끝났을 때, 높이는 눈썹 정도에 맞춘다. 같은쪽 발이 지면을 차주는 힘을 이용한다.

3) 앞손 안면 어퍼컷의 타격방법

01 ▶ 기본자세에서

02 ▶ 몸은 좌측 방향으로 틀고, 뒷발 뒤꿈치는 지면에서 살짝 들어주고, 앞발 무릎은 접어준다.

03 ▶ 이후 상체를 역방향으로 돌려주면서 굽혔던 앞무릎은 위로 펴올려주고, 상대방의 아래턱을 가격한다. 왼손은 세로로 놓고 있다가 타격을 가할 때 바깥으로 반바퀴 스냅을 주고 최종적으로 손바닥이 얼굴을 보고 있게 한다. 옆에서 봤을때는 아래서, 위로 원 방향의 타격 동선이 만들어지면 된다.

combination

01 ▶ 아래에서 위로 올라가는 팔의 경사각을 좀 더 원만히 하여 명치를 올려칠 수도 있고

02 ▶ 명치 타격 이후 반 정도만 회수해온 이후

03 ▶ 안면으로 올려치는 연속공격도 가능하다

* 역순으로도 공격이 가능하다.

Technique 003

펀치
(9) 어퍼컷 (uppercut)

4) 뒷손 안면 어퍼컷의 타격방법

01 ▸ 기본자세에서

02 ▸ 몸을 우측방향으로 살짝 틀고주고

03 ▸ 오른쪽 발로는 지면을 차주며 무릎의 굽혔다 펴지는 반동을 이용하여, 아래에서 위로 쳐올린다. 손목은 안쪽으로 스냅을 주고 최종적으로 손바닥은 얼굴을 보고 있게 한다.

5) 어퍼컷의 기본셋업

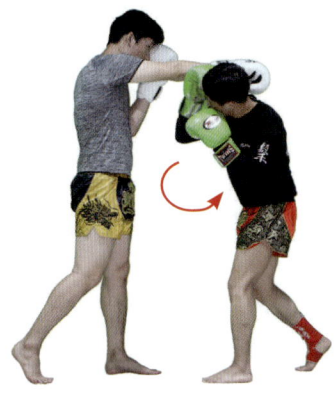

01 ▸ 공격을 슬립으로 피해주고

02 ▸ 상대방의 팔 안쪽 턱을 향해 올려친다.

03 ▸ 주먹 '바깥쪽'으로 슬립해주고

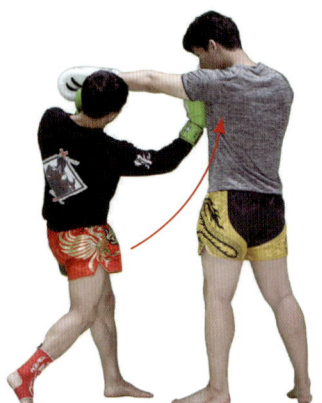

04 ▸ 팔안쪽 턱방향으로 올려친다.

6) 몸통어퍼컷 (liver-blow)

앞에 서술한 것처럼 명치에 올려주는 어퍼컷 이외 우측 늑골 하단, 간장 부위를 쳐올리는 어퍼컷이 있다. 정확히 노리고 치기 어렵지만 정확한 한방이면 경기를 끝낼 수도 있다.

01 ▸ 기본자세에서

02 ▸ 상대방의 라이트 스트레이트를 피해주며 사선 방향으로 이동하고 상대방을 안쪽 각도에 가두어놓는다

03 ▸ 이후 상체를 오른쪽으로 역회전하며 바깥 안쪽을 향해 사선 방향으로 어퍼컷을 날려준다.

* 갈비뼈 밑에 위치한 장기들을 들어 올린다는 느낌으로 아래에서 위로 퍼올린다.

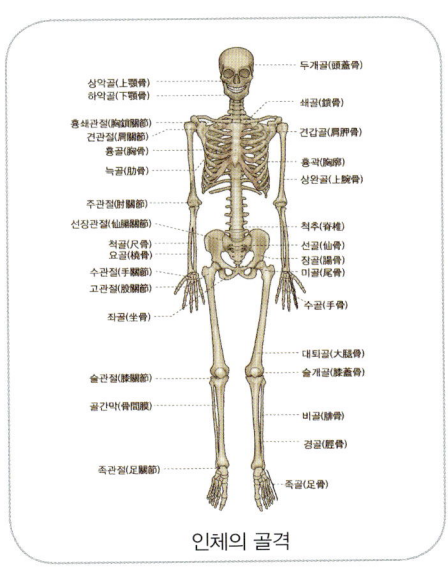

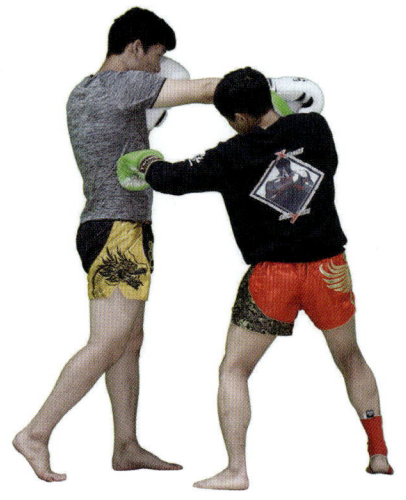

04 ▸ 간장의 위치는 명치에서 7시 방향이고 제대로 건드리게 되면 약한 강도의 타격에도 상대방은 충격을 입게 된다.

05 ▸ 정확한 타격 지점을 만들기 위해 Body protector 를 착용한 이후에도 충격을 줄 수 있는지 파트너와 피드백해보는 것도 좋은 방법이다.

06 ▸ 안면훅의 포인트를 낮추어 보디에 훅을 때릴수 있고 보디훅의 타격 지점은 보디어퍼와 같다.

Technique 003

펀치

(9) 어퍼컷 (uppercut)

combination 안면훅 + 보디어퍼 + 로우킥

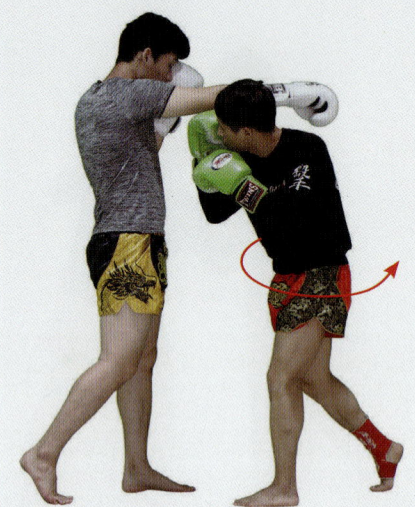

01 ▶ 좌측 슬립

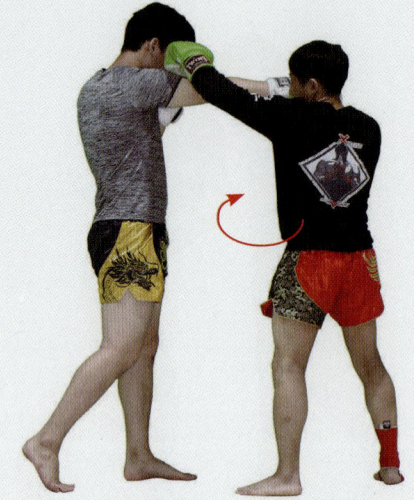

02 ▶ 이후에 역방향으로 상체를 틀어주며 안면 훅

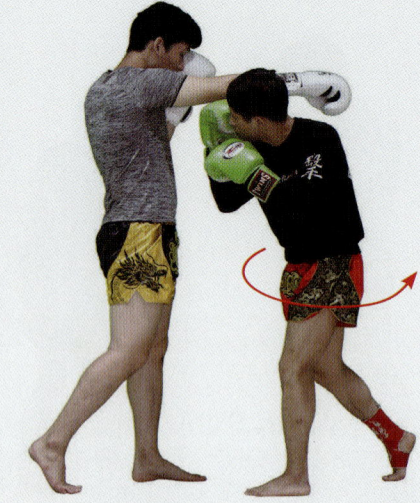

03 ▶ 훅 이후 다시 몸을 왼쪽으로 틀어놓고

04 ▶ 역방향으로 비틀어주며 보디 어퍼

05 ▶ 이후 오른발 로우킥

펀치

(10) 변칙 펀치

Technique 003

1) 슈퍼맨 펀치

01 ▶ 뒷다리 무릎을 접어 끌어올린 후

02 ▶ 뒤로 차주면서 반동을 이용해주고 앞 발목의 힘을 이용해서, 앞쪽으로 점핑하는 동시에 뒷손 스트레이트를 내지른다.

2) 슈퍼맨 엘보

01 ▶ 동일한 원리로 타격하되 주먹이 아니라 팔꿈치 부분으로도 상대를 가격할 수 있다.

Technique 003

펀치

(10) 변칙 펀치

3) 백스핀블로 (Back spin blow/Mat wieng clab)

발차기가 빗나간 이후에 등을보이게 되는 경우, 빗나간 방향그대로 회전하며 Back 을 잡으러 들어오는 상대방에게 공격을 할수 있다.

01 ▶ 떨어진 거리에서 거리를 계산하고

02 ▶ 킥을날렸는데 빗맞았을경우

03 ▶ 빗나간 발을 그대로 착지시키고 상체를 회전시켜 (공격하는 팔꿈치는 타킷에 닿기 전까지는 접혀있어야 한다.)

04 ▶ 구부렸던 팔꿈치를 쭉 펴주면서 주먹에 살이 많은부분 '메권' 을 이용해 상대방을 타격한다.

주먹을 쥐었을 때 살이 많은 부분을 공수도에서는 '메권' 이라 한다.

* 상체회전이 끝난 이후에 팔을 회전시키면 허리 회전력이 타격으로 전달되지 않기 때문에, 상체회전을 하여 얻은 가속도를 실어주기 위해 신속한 동작이 필요하다.
* 일부러 타킷을 빗맞추고 백스핀 공격을 사용하기도 한다.

펀치

(11) 펀치에 대한 방어 · 회피 · 반격

1) 펀치의 방어 · 회피 · 반격

여기에서 언급하는 방법 이외에도 수많은 방법이 있고 반격 기술끼리의 조합, 회피 기술끼리의 조합이 가능하다. 수많은 스파링과 반복연습을 통해 거리감과 기술의 타이밍을 익히고 상대방의 움직임에 대응할 수 있는 나만의 움직임을 찾는 것이 중요하다.

(1) 페링 (Parrying)

01 ▶ 상대방의 스트레이트 공격을 대각선으로 쳐내는 동작이다. 타이밍을 잡는 능력이 중요하다.

02 ▶ 상대방의 공격이 오지도 않았는데 손으로 페링하려하면

03 ▶ 비어있는 안면에 역공을 허용할 수 있다.

이 사실을 알고 있는 공격자는 일부러 ½ 정도만 뻗어준 후 상대방이 여기에 반응해 페링동작을 보일 때 비어 있는 안면에 훅을 꽂아 넣을 수 있다.

Technique 003

펀치

(11) 펀치에 대한 방어 · 회피 · 반격

(2) 암블록 (Doulde Arm block/Single Arm block)

① 암블록 이후의 반격

01 ▶ 올리고 있던 양손 가드를 앞으로 좁혀주면서 스트레이트를 방어 (Doulde Arm block)

02 ▶ 훅 공격이 옆쪽으로 날아올 때에는 몸을 회전시키며 한 팔가드로 방어할 수 있다.(Single Arm block)

03 ▶ 방어 이후 역으로 상체를 회전시키면서 반격을 할 수 있다.

② 암블록과 유사한 팔꿈치 공격의 활용

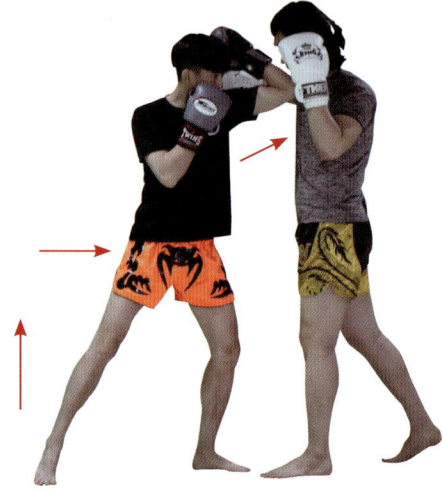  

01 ▶ 암블록과 동작이 비슷한데 팔을 들어 관자놀이, 귀, 왼쪽안면에 대한 방어를 해줌과 동시에 상대방 쪽으로 거리를 좁히며 아래에서 위로 팔꿈치 공격을 할수 있다.(Sok Hud)

02 ▶ 쏙후드 (Sok Hud:levering elbow) 로 상대방의 아래턱을 정확히 겨냥하지 못했다면

03 ▶ 쏙타드 (Sok Tad:Horizental elbow) 로 쫓아가며 공격해줄 수 있다.

* 쏙 후드 (Sok Hud) – 아래에서 위로 올려치는 팔꿈치 공격 기술
* 쏙 타드 (Sok Tad) – 옆으로 돌려치는 팔꿈치 공격 기술

Technique 003

(3) 펀치의 펀치를 방어해주고 받아치는 기술

① Muay-Kao 스타일 / 무릎찍기로 반격

01 ▶ 상대방의 훅 타이밍에 맞추어 블록을 해주며 Sok Hud 를 이용해서 상대방쪽으로 인스텝한다.

02 ▶ 이후 상대방의 팔을 타고 올라가 꼭잡고 lock 을 걸어준다 (펀치의 팔을 봉쇄)

03 ▶ 이후 나머지 손은 뒤통수나, 뒷목에 둘러주고, 뒷발을 한 스텝 뒤로 보내줌과 동시에 상대방의 상체를 끌어내린다.

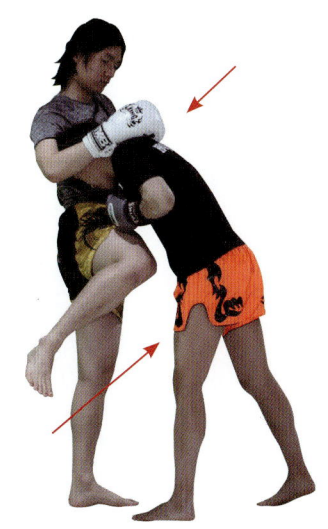

04 ▶ 힙을 집어넣으며 상대방의 복부나 안면을 무릎으로 타격한다.

Technique 003

펀치

(11) 펀치에 대한 방어 · 회피 · 반격

② 겨드랑이로 팔 부수기 (Armpit Breaks Atm)−Muay boran(무어이 보란) Skill

대개 사람들이 알고 있는 무에타이는 트렁크 차림에 글러브를 끼고 올라가서 링 안에서 서로 타격을 가하는 시합용 '람무어이' 이다 . 무어이보란 (Muay boran) 은 1929 년이후에나 글러브가 도입되어 경기룰을 갖추기 시작한 람무어이보다 고대형태의 타이복싱으로 전쟁터에서 군인들이 상대방을 공격하고 자신을 보호하기위해 칼싸움에 대한 보충적인 요소로 익혔기 때문에 상대방의 관절을 꺽는 기술또한 있었다 .

* 주의) 현대 무에타이 경기에서는 관절기 사용은 금지되어 있다 .

01 ▶ Arm block 과 비슷하게 형태를 만들어 Sok Hud(아래에서 위로 올려치는 팔꿈치) 로 상대방에게 다가감

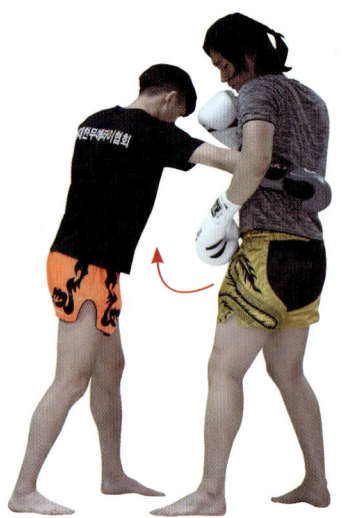

02 ▶ 위에서 밑으로 팔을 걸어 잠그고 (Lock). 걸어잠근 팔은 상대방의 팔꿈치 관절에 위치시킨다 .

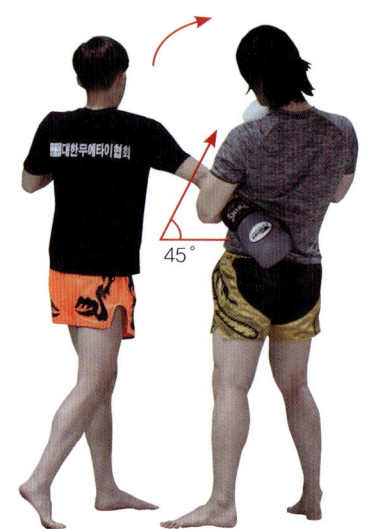

03 ▶ 힘을 넣어주고 상체를 뒤로 제껴주면서 팔은 바깥에서 안쪽으로 어퍼컷을 쳐주듯 45°~ 60° 방향으로 올려준다. 이전에 팔꿈치 관절에서 lock 을 걸어 일자로 펴놨어야 이기술이 걸린다.

Technique 003

(4) Long guard.(or Dracula guard.) style1

복싱과 구별되는 무에타이의 전형적인 가드 스타일

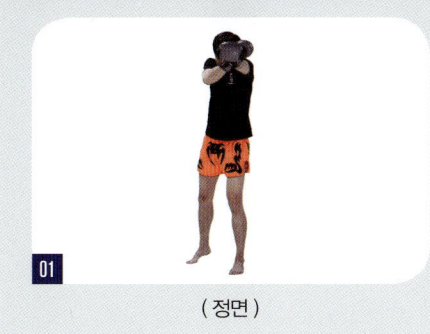

(정면)

손을 뻗어 상대방 견제

양 어깨로 측면방어

팔날로 정면방어

(측면)

앞손은 일자로 길게 뻗고 뒷손은 앞손 위에 걸어두고 팔꿈치를 구부려 가로로 일자 모양을 만들어 준다.
구부러진 뒷손 위쪽으로 시야를 확보하여 상대방을 관찰한다.

03 ▸ 처음부터 롱가드 상태를 유지하는게 아니라

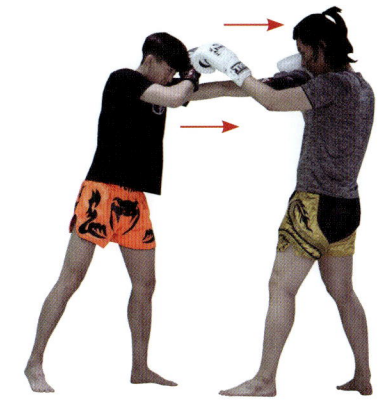

04 ▸ 상대방이 공격하는 타이밍에 롱가드로 변형해준다. 이때 길게 뻗은 앞손이 상대방의 턱에 강하게 카운터 스트레이트로 꽂힐 수 있다.

05 ▸ 접근을 허용하지 않고 상대방을 밀어낸 이후 킥으로 공격한다.

06 ▸ 롱가드 상태인데도 불구하고

07 ▸ 상대방이 가드 안쪽으로 파고들면 길게 뻗었던 앞손으로 상대방의 뒷목이나 뒤통수를 잡고

08 ▸ 그대로 상대방을 끌어당기며 팔꿈치 공격
(수평방향 :horizental line)Sok Tad(쏙타드)

Technique 003

펀치

(11) 펀치에 대한 방어 · 회피 · 반격

(5) Long guard.(or Dracula guard.) style2

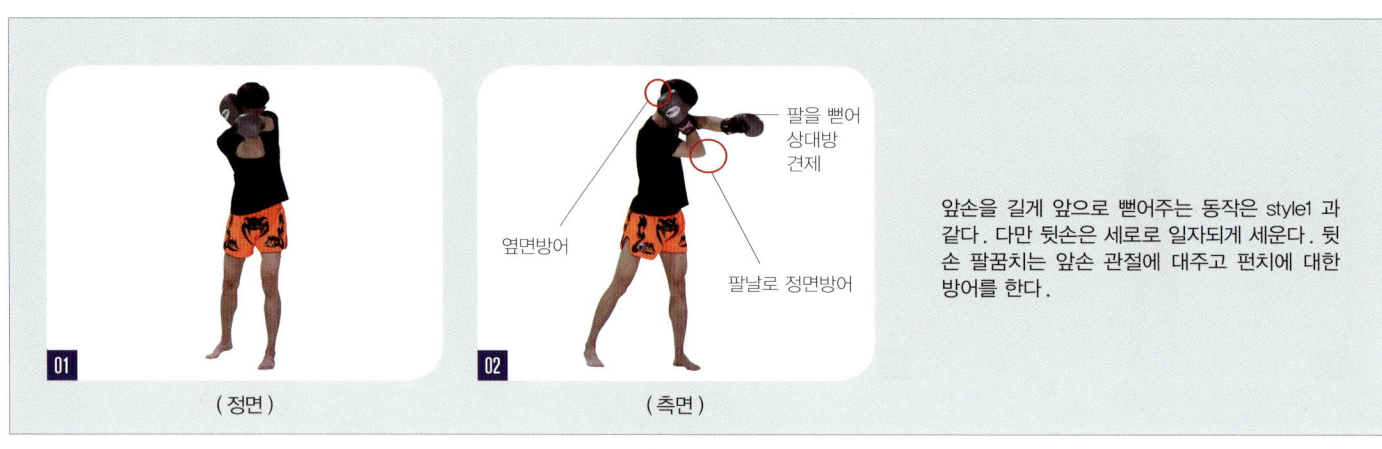

앞손을 길게 앞으로 뻗어주는 동작은 style1 과 같다. 다만 뒷손은 세로로 일자되게 세운다. 뒷손 팔꿈치는 앞손 관절에 대주고 펀치에 대한 방어를 한다.

- 팔을 뻗어 상대방 견제
- 옆면방어
- 팔날로 정면방어

(정면) (측면)

03 ▶ 상대방이 공격을 할때 style2 상태의 롱가드를 만들어 주고

04 ▶ 뻗어준 앞팔가드 안쪽으로 상대방이 접근하면

05 ▶ 상대방의 뒷목이나 뒤통수 끌어오면서 쏙후드 (Sok Hud:levering elbow)

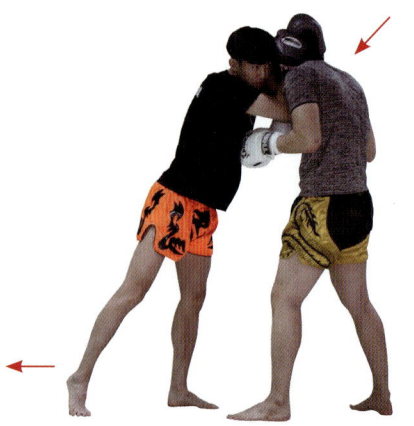

06 ▶ 이후 뒷발을 뒤로 빼주는 동시에 상대방의 상체를 끌어내린 후

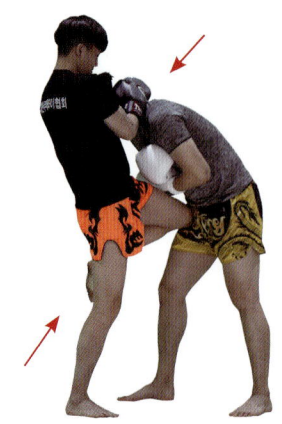

07 ▶ 힙을 집어 넣으며 니킥

08 ▶ *Long guard. style1, style2 는 아래에서 위로 올라오는 어퍼컷 공격에 취약하다.

Technique 003

(6) 슬리핑 (sleeping)

① 기본 움직임

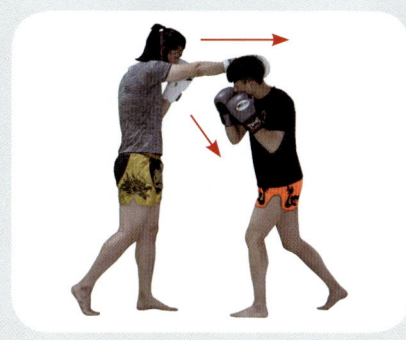

상대방의 직선 공격을 상체로 대각선 움직임을 만들어 내며 피하는 기술
상대방이 안면에 스트레이트를 치는 순간, 어깨 한쪽을 안쪽을 향해 넣어주고 머리는 살짝 비틀어 공격을 빗나가게 한다.

② 슬리핑 이후 반격 1

상대방의 뒷손 스트레이트를 좌측 방향 슬립으로 피한 후

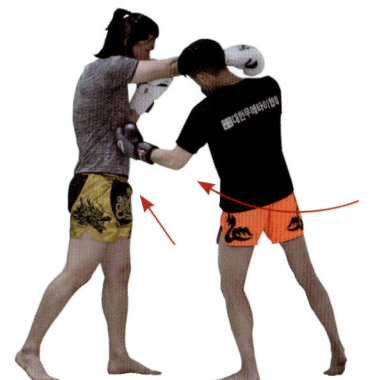

01 ▶ 몸을 역방향으로 틀어주며 Body uppercut

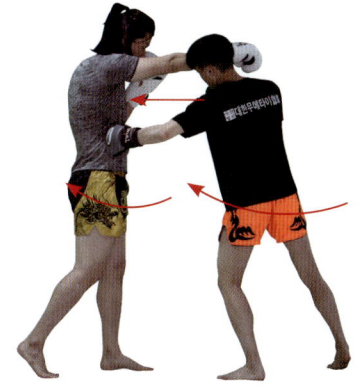

02 ▶ 몸을 역방향으로 틀어주며 Body hook

01 ▶ 상대방의 팔 안쪽에 가려져 있는 턱쪽으로 안면 uppercut

02 ▶ 상대방의 팔위로 (Overhand) 훅을 덧씌워 주면서 오버핸드 훅 (Overhand hook)
* 슬립하면서 앞발로 거리를 많이 좁히지 못했다면 그 거리에서 '중거리' 훅을 날려도 좋다.

Technique 003

펀치

(11) 펀치에 대한 방어 · 회피 · 반격

③ 슬리핑 이후 반격 2

01▶ 상대방의 앞 손 스트레이트를 우측 슬립으로 피해내고 (이때 뒷발도 사선으로 옮겨준다.)

02▶ 바깥에서 안쪽으로 스트레이트 공격 (복싱에서는 쏙빡 혹은 쏙빵이라는 용어를 쓴다)

④ 슬리핑 이후 반격 3

 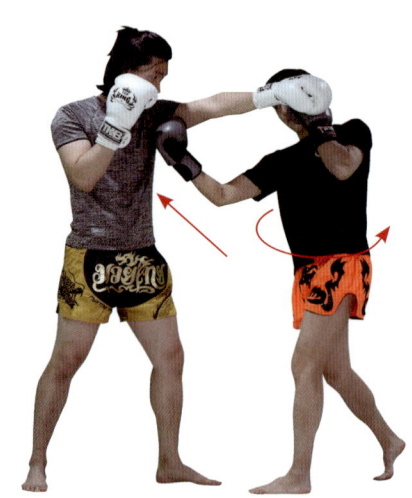

03▶ 우측슬립 이후

04▶ 상체를 좌측으로 틀어주며 뻗어있는 상대방의 팔 안쪽에 감춰져있는 턱으로 어퍼컷 공격

Technique 003

(7) 페링이후 Pivot Step 을 이용한 반격

① left Pivot

01 ▶ 상대방이 스트레이트를 날리는 타이밍에 앞발 사이드스텝 이동, 슬립으로 피하는 동시에 페링

(반대각도) ↕

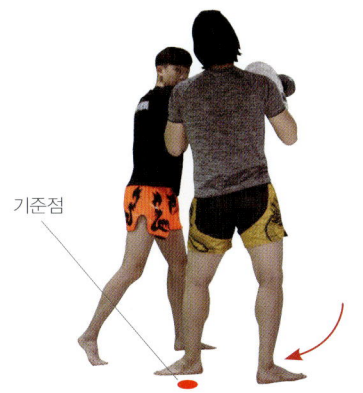

기준점

02 ▶ 왼발을 중심축으로 하여 뒷발(오른발) 시계방향 회전(각도 틀기)

(반대각도) ↕

04 ▶ 상대방은 공격자 안쪽 각도에 있어야함

↕

05 ▶ 각도를 틀어놓은 이후에는 스트레이트 펀치, 팔꿈치, 무릎 등 거의 모든 공격이 가능하다.

03 ▶ 상대방의 측면에서 킥

(반대각도) ↕

Technique 003

펀치

(11) 펀치에 대한 방어 · 회피 · 반격

(8) 페링 이후 턴스텝을 이용한 반격

① Right turn (switch) step

(스텝 도해도)

🔴 이동 전 발위치
🔵 스텝이동 후 발위치

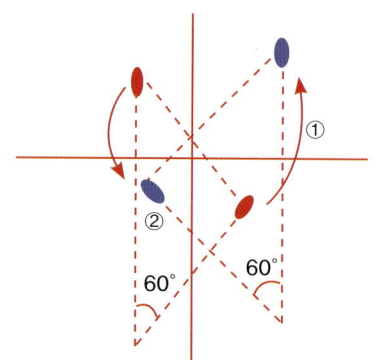

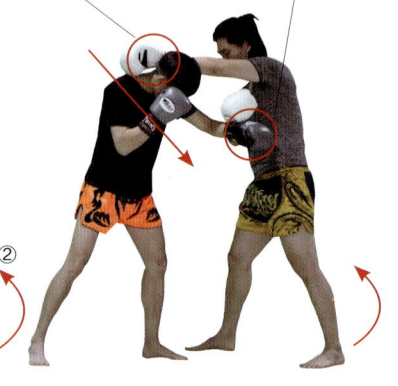

point1 상대방뒷목
point2 상대방의 팔 두곳을 동시에 밑으로 끌어내린다.

01 ▶ 상대방이 잽을 내는 타이밍에

02 ▶ 오른발이 우측 전방으로 나가주면서, 오른손으로 상대방의 잽을 페링하고

03 ▶ 이후 왼손을 뻗어 상대방의 상체를 잡아내리며, 뒷발은 시계 반대방향으로 회전하는데 이것이 동시에 이루어져야한다.

04 ▶ 상대방이 끌려오면

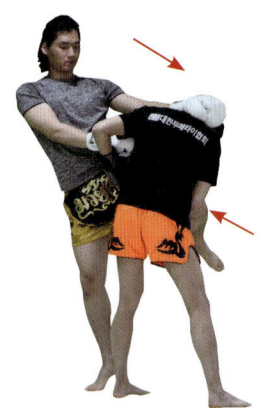

05 ▶ 상체를 강하게 내려누르며 니킥으로 공격한다.

06 ▶ 마찬가지로 right pivot (switch)을 이용하여

07 ▶ 상대방의 측면으로 돌아가서

08 ▶ 킥 공격을 할 수 있다. (옆으로 각도를 틀었다면 어떤 공격이든 자유자재로 연결할 수 있다.)

Technique 003

* 주먹을 피했는데 같은쪽 킥이 따라와 연타공격을 해주는 경우를 항상 주의해야 한다.

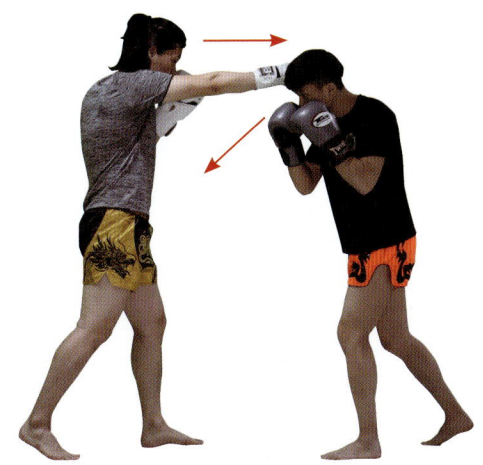

01 ▶ 뒷손을 피해 슬립했는데

02 ▶ 뒷발 미들킥으로 후속 타격이 이어지는 경우

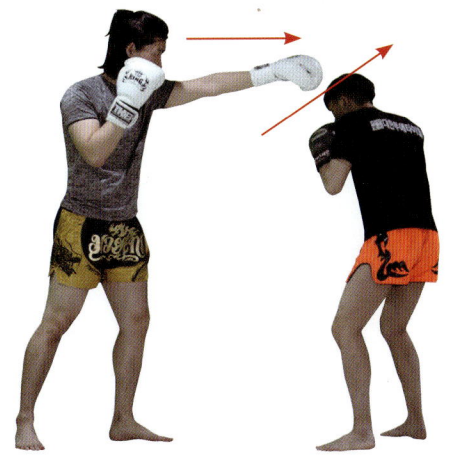

03 ▶ 앞손을 피했는데

04 ▶ 앞발미들킥으로 후속 타격이 이어지는 경우

* 반대로 생각하여 슬립을 잘 쓰는 상대에게 뒷손 - 뒷발, 앞손 - 앞발 콤비네이션 공격을 사용하면 상체 움직임이 줄어들 것이다. 기본적으로 복싱의 주먹을 사용하지만 무에타이는 복싱과는 많은 부분이 다르다.

펀치

(11) 펀치에 대한 방어 · 회피 · 반격

(9) 더킹 (Ducking)

슬리핑을 해서 펀치를 회피함과 동시에 살짝 앉아주는 동작

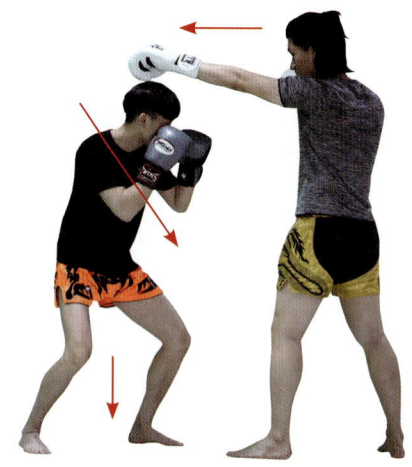

01 ▶ 잽 스트레이트를 피해 스트레이트의 바깥쪽(우측)으로 더킹

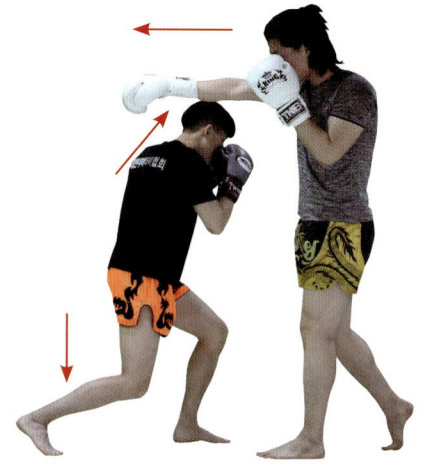

02 ▶ 라이트 스트레이트를 피해 바깥쪽(좌측)으로 더킹

03 ▶ 더킹 움직임을 자주 주게 되면

04 ▶ 타이밍을 읽은 상대방에게 킥공격을 허용하게 된다.

(10) 위빙 (Weaving)

훅처럼 옆으로 휘두르는 주먹을 피하는 기술이다.

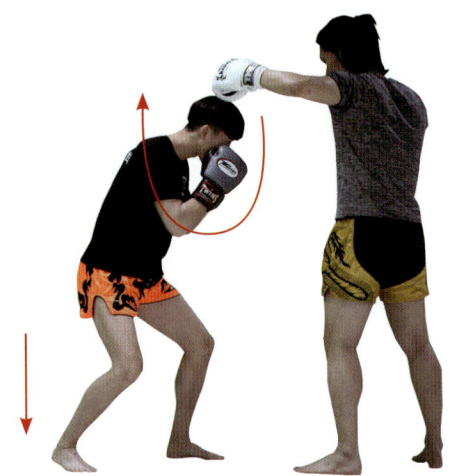

01 ▸ 주먹의 바깥쪽으로 피하는 것이 기본이다. 무릎을 굽혀 주었다가

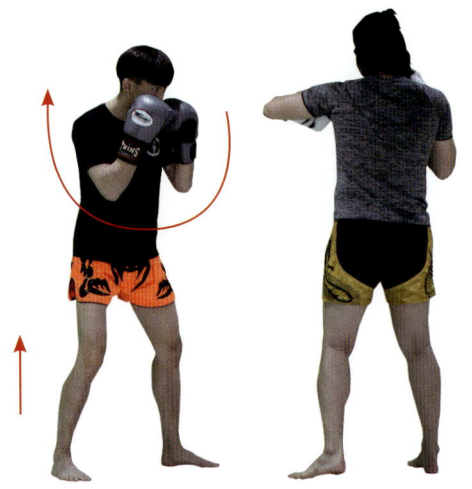

02 ▸ 무릎을 펴면서 일어난다. 상체 움직임은 영어 알파벳 U 자와 유사하다.

03 ▸ 킥의 거리에서 위빙을 쓰다가 킥으로 반격당하기 쉽다. **(위험)**

* 더킹, 위빙과 같이 상체 중심이 밑으로 낮아지는 움직임은 니킥이나 킥 등의 공격에 반격을 당할 위험성이 있어서 알맞은 타이밍에 사용해야 하고 과도하게 많이 사용하지 않는 것이 좋다.

Technique 003

펀치

(11) 펀치에 대한 방어 · 회피 · 반격

(11) 회피기술의 연속기술

공격에 연속기술이 있는 것처럼 회피기술도 믹싱해서 연속기술로 사용이 가능하다

①

01 ▶ 뒷손 스트레이트를 피해서 좌측으로 슬립

02 ▶ 이후 앞손훅을 피해서 우측으로 위빙

03 ▶ 앞손 스트레이트를 피해서 우측으로 슬립

04 ▶ 뒷손훅을 피해서 좌측으로 위빙

②

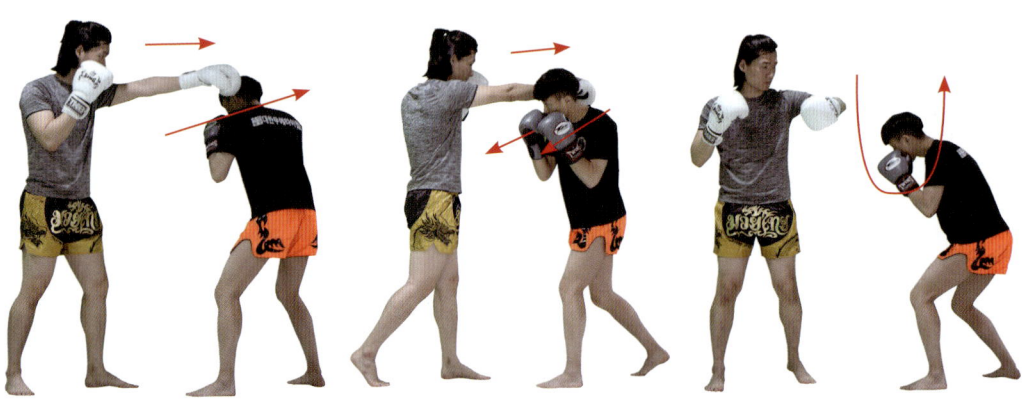

01 ▶ 슬립 (우측)

02 ▶ 슬립 (좌측)

03 ▶ 위빙 (우측)

Technique
003

③

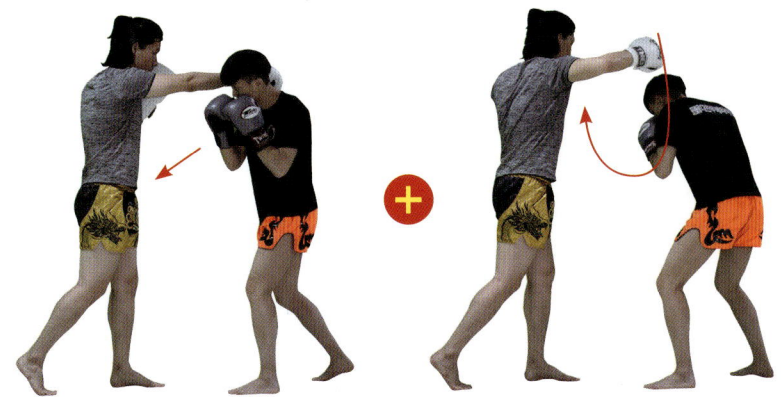

01 ▶ 슬립 (우측)

02 ▶ 슬립 (좌측)
(좌측 슬립 이후 좌측으로 위빙 할 경우 슬립 동작 이후 상체를 우측으로 틀어놓은 후 한다 .)

03 ▶ 위빙 (좌측)

④

01 ▶ 슬립 (좌측)

02 ▶ 슬립 (우측)

03 ▶ 위빙 (좌측)

③의 03 과 마찬가지로 우측 슬립 이후 우측으로 위빙 할 경우 슬립 동작 이후 상체를 좌측으로 틀어놓은 후 한다.

Technique 003

펀치

(11) 펀치에 대한 방어 · 회피 · 반격

(12) 회피기술과 스텝의 연계활용

①

01 ▶ 좌측으로 위빙을 하는 동시에 좌측 사이드 스텝이동

02 ▶ 사이드 스텝과 동시에 위빙을 했다면, 위빙이 끝나는 시점에서 상대방의 정면이 아니라 옆에 서있게 된다.

03 ▶ 우측으로 위빙을 하는 동시에 우측 사이드 스텝 이동

Technique **003**

②

01 ▶ 스트레이트를 피해 좌측 슬립

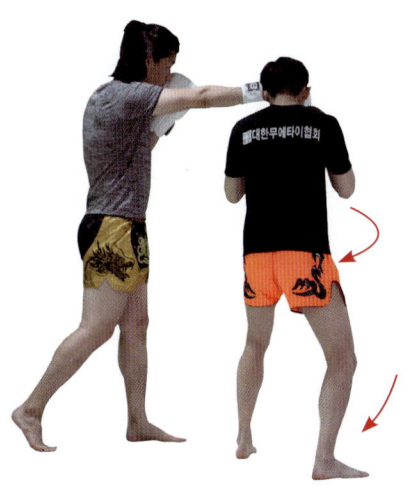

02 ▶ 이후 상체는 반대 방향으로 역회전 시키는 동시에 left turn step

③

01 ▶ 스트레이트를 피해 우측 슬립

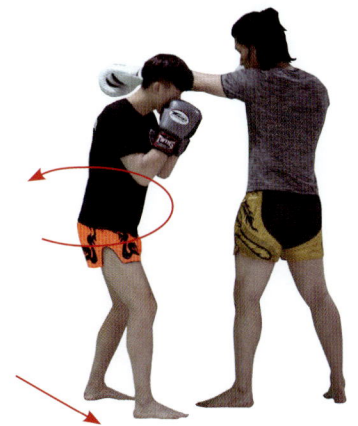

02 ▶ 이후 상체는 반대 방향으로 회전 시키주고 뒷발을 앞으로 보내며

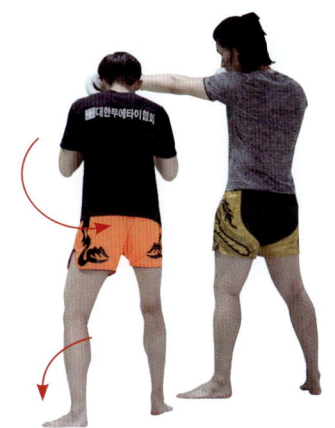

03 ▶ Right turn switch step

Technique 003

펀치
(11) 펀치에 대한 방어 · 회피 · 반격

(13) 상대방이 안면잽을 치는 경우

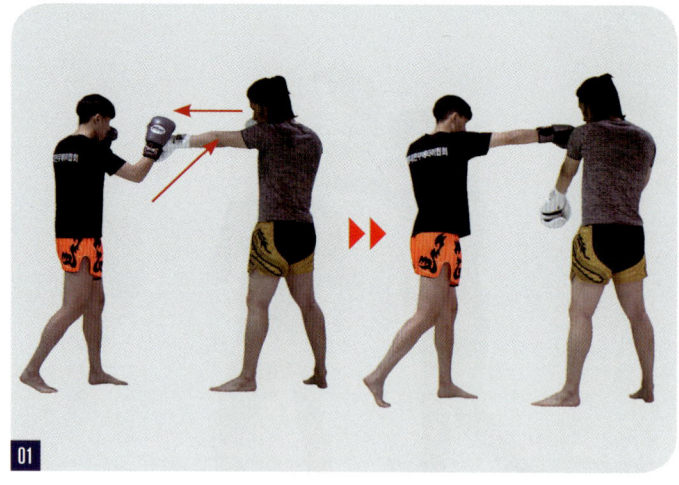

01 잽을 대각선 방향으로 페링해주고 ▶▶ 비어있는 안면을 향해 라이트스트레이트

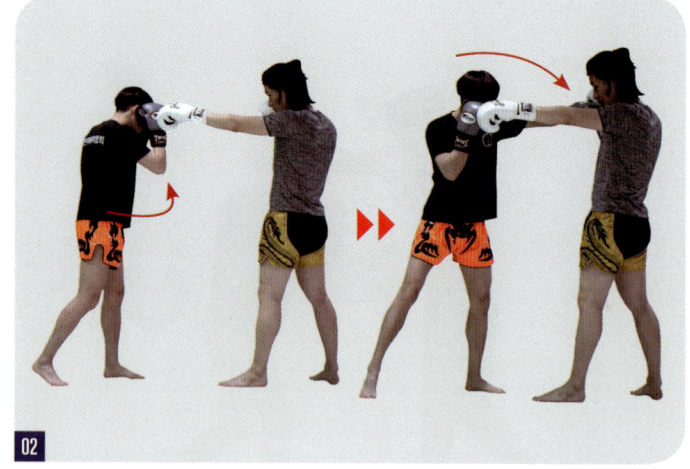

02 손을 들어 우측 안면 방어 ▶▶ 상체를 역회전 시키면서 중거리 훅

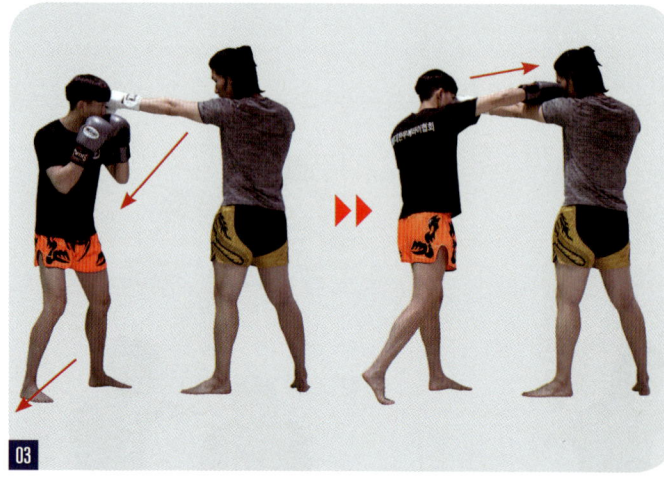

03 우측으로 슬립하면서 뒷발을 옆으로 빼주고 ▶▶ 바깥에서 안쪽으로 스트레이트 가격

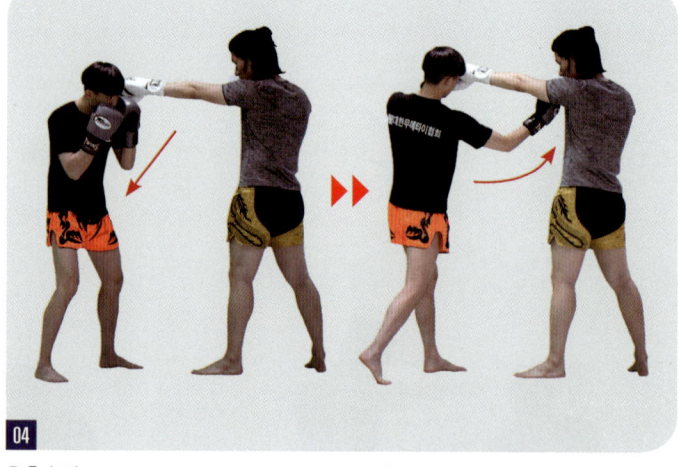

04 우측슬립 ▶▶ 상체를 역회전 시키면서 상대방의 팔안쪽 턱으로 어퍼컷

Technique **003**

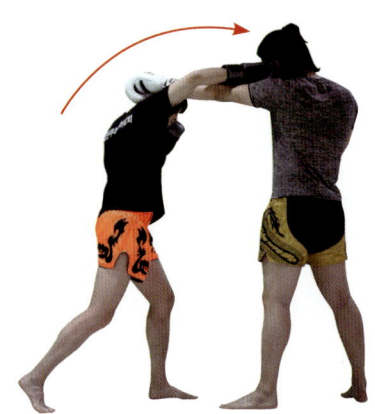

05 ▸ 상대방의 왼쪽 턱이나 관자놀이를 노리고 훅의 위력을 증대시키기 위해 무릎을 구부려 중심을 낮추어놓고 펴면서 중심을 위쪽으로 끌어올린다. 이 과정에서 훅에 가속도가 더욱 실리게 된다.

06 ▸ 무에타이 롱가드 자세를 취해서 방어

07 ▸ 접근전을 걸어오기 전 곧바로 킥 공격 롱가드가 없이 곧바로 사선으로 이동하며, 비어있는 옆구리에 미들킥을 줘도 된다.

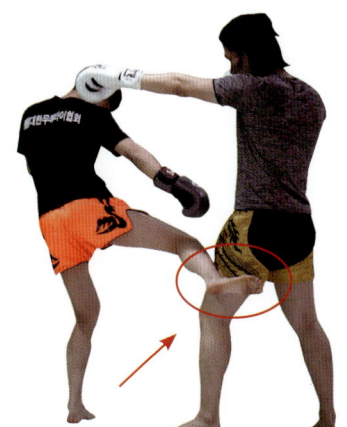

08 ▸ 디딤발 (왼발) 좌 전방으로 이동하며, 허벅지 측면을 로우킥으로 가격

Technique 003

펀치

(11) 펀치에 대한 방어 · 회피 · 반격

(14) 긴거리 공격수단활용 : 딥 (앞밀어차기 :Push Kick)

01 ▶ 허벅지에 밀어차기

02 ▶ 복부에 밀어차기

03 ▶ 안면 밀어차기

04 ▶ 옆 밀어차기 (최대길이 확보를 위해 디딤발 뒤꿈치는 상대방을 향해 돌아가 있음)

(15) 앞, 뒤, 다리 간격이 넓은 상대방에게는 인사이드 로우킥을 차 주어 밸런스를 무너뜨릴 수 있다.

01 ▶ 상체를 뒤로 살짝 제끼면서 안쪽 허벅지(무릎관절부와 가까운곳)를 인사이드 로우킥으로 공격

02 ▶ 오금이 접히면서 상대방이 균형을 잃으면

03 ▶ 상대방의 상체를 끌어당기며 니킥

(16) 페링하며 동시에 턴을 해준 후 니킥으로 응수할 수 있다.

01 ▶ 잽을 페링하며 우측턴(스위치) 스텝

02 ▶ 상대방의 측면으로 이동

03 ▶ 상체를 끌어내리며 니킥

Technique 003

펀치
(11) 펀치에 대한 방어 · 회피 · 반격

(17) 상대방이 안면 뒷손 스트레이트를 치는 경우

① Slip 이후 반격

02 ▶ 상체를 역회전(우측회전) 시키면서 안면 어퍼컷

 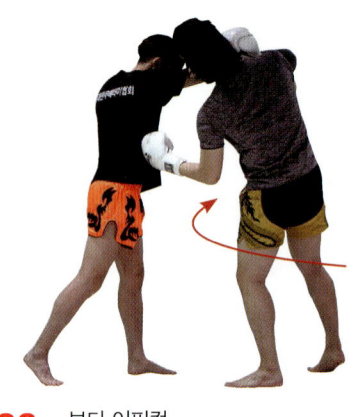

01 ▶ 좌측 슬립 이후   03 ▶ 보디 어퍼컷

04 ▶ 보디훅

Technique 003

② 카운터 스트레이트

③ Long guard

01 ▶ 앞발을 좌측 전방으로 이동하고 상체 좌측으로 슬립, 팔은 상대방의 스트레이트 안쪽으로 미끄러져 들어가듯 하며 똑같이 스트레이트 카운터

02 ▶ 상대방의 팔 안쪽으로 잽을 던지듯 팔을 뻗어주며, 롱가드 자세를 취함, 앞손이 스트레이트로 작용할 수 있음

④ Push kick

01 ▶ 하단 (무릎의 인대부분)

02 ▶ 중단 (명치부분)

03 ▶ 상단 대흉근 사이 흉골이나 안면부위)

Technique 003
펀치
(11) 펀치에 대한 방어 · 회피 · 반격

⑤ 왼발 미들킥

01 ▶ 우전방으로 이동하며 비어있는 옆구리 미들킥은 보디어퍼를 가격하는 위치와 동일하다.(우측 갈비뼈 하단부)

02 ▶ 상대방의 팔뚝을 노리고 차도좋다. 데미지가 누적이되면 상대는 팔을 뻗기 힘들어진다.

⑥ 오른발 미들킥

01 ▶ 좌전방으로 이동하며 가드하고 있는쪽 팔을 노린다.

⑦ 페링하며 Left turn step -knee kick

01 ▶ 좌측으로 빠지면서 페링

02 ▶ 뒷손은 상대방의 뒤통수에 올려놓고 끌어내리며 뒷발은 시계방향으로 회전

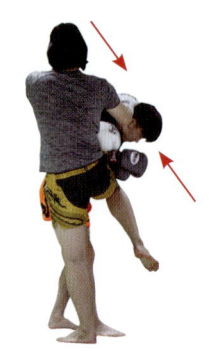

03 ▶ 이후 상대방의 상체를 끌어내리면서 니킥을 올려 찬다.

Technique 003

(18) 상대방이 안면 레프트 훅을 치는 경우 (안면 라이트 훅을 치는 경우는 반대로 생각하면된다)

① 암블록 – 카운터

01 ▶ 상체를 좌측으로 틀면서 우측 안면 블록

02 ▶ 이후 역으로 (상체)를 회전시키며 레프트 훅

② 우측위빙 – 카운터 (뒷손 훅)

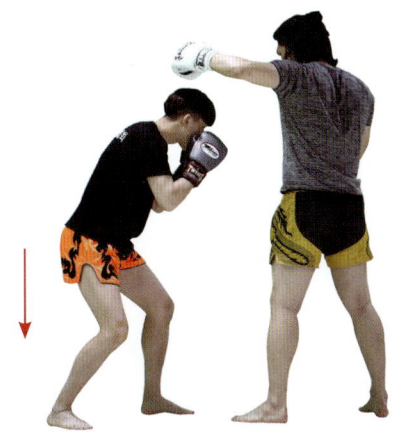

01 ▶ 우측으로 위빙하며

02 ▶ 상대방의 공격을 회피

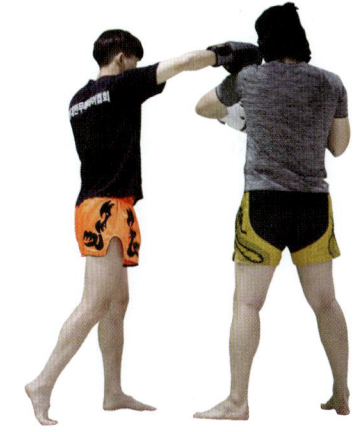

03 ▶ 이후 라이트 훅

Technique 003

펀치

(11) 펀치에 대한 방어 · 회피 · 반격

③ Pull 카운터 (스트레이트)

※ 당기듯 상체를 제꼈다가 쏘면서 나가듯 공격으로 연결하는 기술이다.
Pull counter 라고도 한다.

01▶ 발은 지면에 놓아둔 상태에서 상체만 뒤로 살짝 제낀다.(Back sway) 중심 배분은 뒷발에 80% 앞발에 20%)

02▶ 중심을 다시 앞으로 보내주면서 스트레이트 카운터

④ 레프트훅 카운터

01▶ 상대방이 공격에 치우쳐 가드가 허술하면, 우측으로 더킹 하면서 비어있는 턱에 레프트훅 카운터

⑤ Instep-Knee Kick

01▶ Long guard. style2 에서 인스텝하며 앞손으로 뒤통수 그립 (50p 참조)

02▶ 뒷손은 미끄러져올라가듯 이동시켜 마찬가지로 뒤통수 그립

03▶ 상대방의 상체를 끌어내리며 니킥

Technique 003

*상대방이 레프트안면 어퍼컷을 치는 경우/라이트안면 어퍼컷을 치는 경우 반대로 생각한다.

① 우측원암 블로킹 (동시에 Elbow-block)

② 백 스웨이 (Back sway)
: 뒤로 넘어가듯 상체를 뒤로 살짝 제껴주는 동작

01▶ 오른쪽팔로 원암불록 (one-arm block)을 해주며 상체를 좌측으로 회전 - 펀치는 팔날이나 팔꿈치에 막히게 된다.

02▶ 이후 상체 역회전 시키면서 레프트 훅 카운터

01▶ 중심을 뒤로 제껴 백 스웨이

02▶ 중심을 앞으로 이동시키며 중거리 훅

*상대방이 Left body, 어퍼컷을 치는 경우

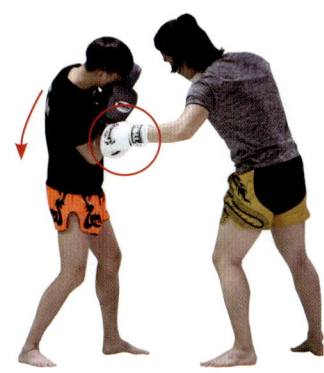  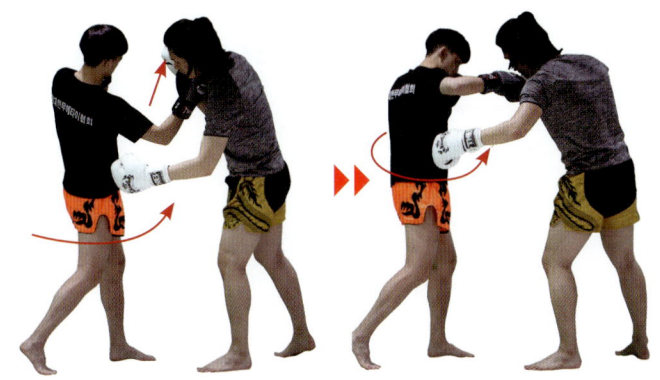

01▶ 상체를 오른쪽으로 살짝끌어 내리며 팔꿈치, 팔날을 이용, 복부 펀치를 방어한다.

주의) 상체를 끌어내리지 않고 팔만 내려 옆구리를 막을 경우 상대의 후속 펀치(안면훅)를 허용하게 된다.

02▶ 이후 상체를 왼쪽으로 역회전시키며 안면어퍼나 안면 훅으로 반격한다.

Technique 004
킥 (Round house Kick)
킥의 종류

킥(kick): ~를 차다 라는 동사를 태국어로는 "떼"라고 발음 한다.

① 차는 발의 각도에 따른 킥의 분류 (치앵 , 위앵)

떼 치앵

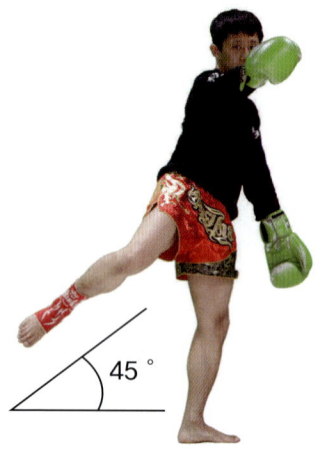

01 ▶ 차는 발을 지면과 45° 각도로 만들어서

02 ▶ 아래에서 위로 사선 방향으로 올려찬다. 파워보다 스피드에 중점을 둘때 치앵을 사용한다.

떼 위앵

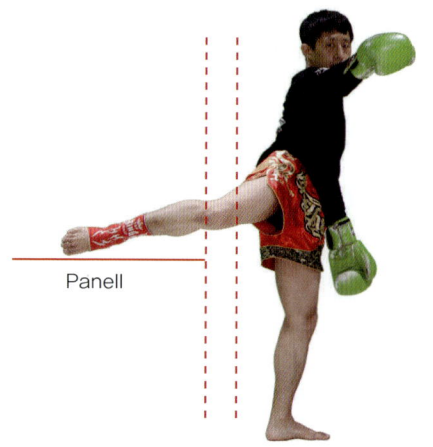

Panell

01 ▶ 차는 발을 지면과 평행으로 만들고 무릎보다 허리를 먼저 넣어주고

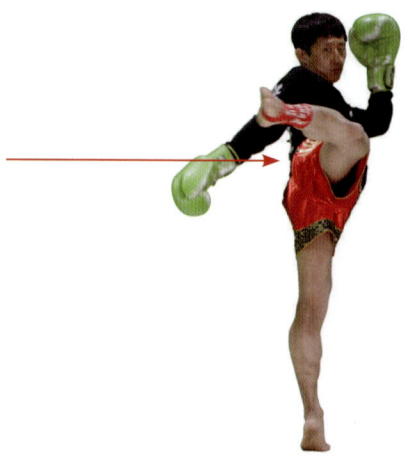

02 ▶ 무릎은 이후에 따라오며 완전히 횡방향으로 찬다. (스피드보다 파워에 중점을 둘때 위앵을 사용한다.)

* 여기에서는 기본적으로 '위앵' 을 킥의 기본 으로 놓고 설명한다.

② 노리는 타킷의 위치에 따라

01 ▶ 로우킥 (떼카) 하단 **02 ▶** 미들킥 (떼람뚜어) 중단 **03 ▶** 하이킥 (떼깐커) 상단

1) 미들킥 (Middle Kick: 뒷발 / 떼람뚜어 무에타이 시합에서 킥중에서는 빈도가 가장높다)

* 킥 거리의 설정   * 타깃   * 골절이 나기쉬운부분

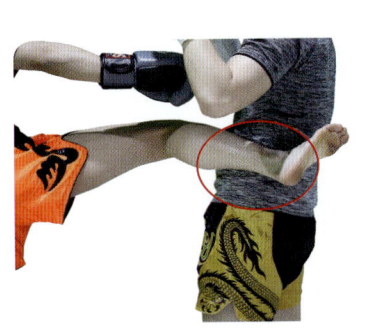
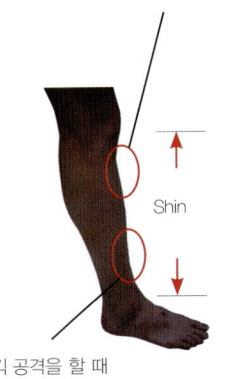

01 ▶ 잽을뻗어 잽이 안면부에 어느정도 '도달하 겠다 싶은' 시점에 미들킥을 날린다.

02 ▶ 정강이를 이용해 상대방의 늑골 부분, 혹은 늑골 아래 장기가 있는 부위를 차 준다.

03 ▶ 발목보다 약간 위쪽에 위치한 정강이 '하부' 를 이용해 타격한다.

* 무릎 이하부터 발목까지의 모든 라인은 정강이 (shin) 에 포함되나 무릎 바로 아래쪽은 골절이 나기 쉬운 부분이므로 주의해야 한다 .

Technique 004 킥 (Round house Kick)

* 팔 위를 걷어차는 미들킥

* 미들킥 디딤발 각도 만들기

상대방의 왼팔가드가 견고하여 옆구리가 잘 노출되지 않는다면 가드하고 있는 팔 위를 걷어찰 수 있다.

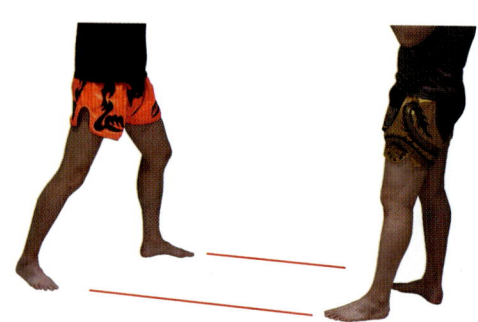

상대방과 마주한 상황에서는 자신의 왼발에서 직선을 따라 그었을 때 상대방의 오른발과 마주하게 되고 오른발에서 직선을 따라 그었을 때 상대의 왼발과 마주하게 된다.
오른발킥 기준, 디딤발을 밖으로 틀어주며 상대방과 일렬로 있는 라인밖에 위치시키는 동작을 1차적으로 만들어주어야 한다.

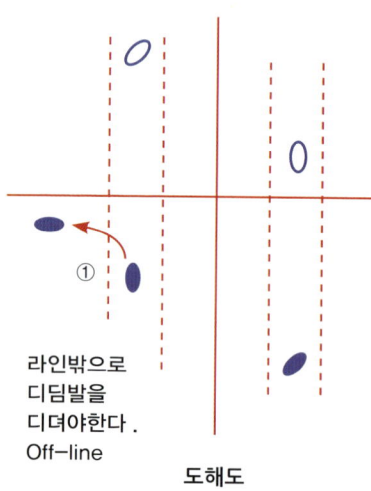

라인밖으로 디딤발을 디뎌야한다.
Off-line

도해도

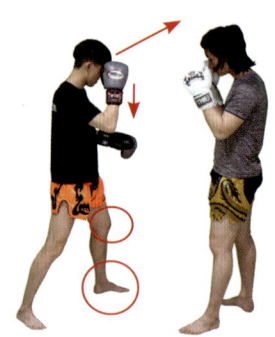

01 ▶ 왼발을 바깥 라인으로 틀어주는 동시에 왼손은 일시적으로 가드를 떨어뜨리고 오른손은 상대방을 향해 대각선으로 뻗어놓는다.
* 디딤발의 무릎은 처음부터 일자로 펴지 말고 살짝 굽혀놓는 것이 좋다.

02 ▶ 뻗어놓은 팔을 뒤로 제껴줌과 동시에, 디딤발 무릎은 곧게 펴주고, 뒤꿈치는 바닥에서 들어 올린 상태에서 타킷을 향해 완전히 돌려준다. 이때 떨어뜨렸던 왼손 가드는 속도있게 위로 끌어올려 발차기 파워를 증강시킨다. 마지막으로 옆구리를 가격한다.

위의 설명은 타이밍이 완전하게 맞아떨어져야 하기 때문에 미들킥을 처음 수련하는 사람들은 다소 혼란스러울 수 있다.

* 뒷발(오른발) 미들킥 디테일

01 ▶ 하나, 도해도처럼 디딤발인 왼발을 상대방과 마주하고 있는 일자라인 바깥으로 위치시킨다.

02 ▶ 이때 왼팔은 밑으로 내려뜨리고 오른발은 상대방의 오른쪽으로 미리뻗어 킥이 나갈길을 설정한다.

Technique
004

디딤발 디테일

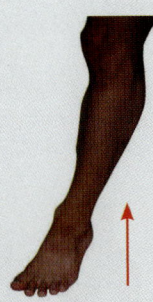 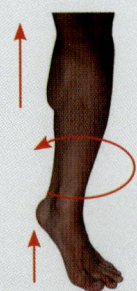

01 ▶ 디딤발인 왼발 무릎은 살짝 구부린 상태에서 발바닥의 앞축을 지면에 디뎌놓고 뒤꿈치는 바닥과 띄워 어느 정도 공간을 확보한다.

발목이 약한 초보자들은 부상을 입기 쉽고 중심이 위로 뜨면서 넘어지기 쉽기 때문에 연습에 신중을 기한다.

02 ▶ 손을 뒤로제끼고 상체 회전을 만들며 타격을 가하는 순간 무릎은 일직선으로 펴면서 동시에 뒤꿈치는 상대방을 향해 완전히 돌려주면서 바닥에서 올릴 수 있는 만큼 최대한 들어준다.

03 ▶ 둘, 뻗어놓았던 오른손을 뒤쪽으로 제낀다. 제껴줄때 대각선 라인을 그려준다

04 ▶ 손은 뒤로제껴주면서 킥의 타킷은 상대방의 옆구리로 잡는다. 무릎은 천장을 향하면 안 되고 옆으로 완전히 돌린 상태를 유지해주고 무릎보다 허리, 골반, 힙을 먼저 집어넣는다.

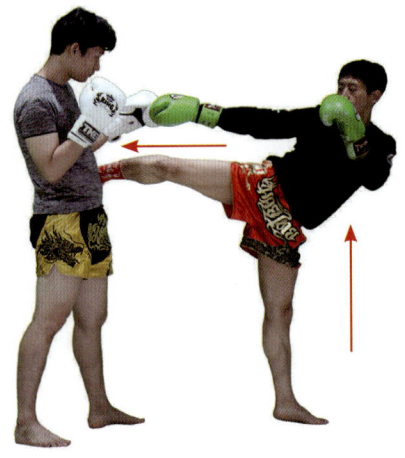

05 ▶ 이후에 무릎이 따라오며 접었던 다리를 펴주면서 목표물을 가격한다.
* 이때 내렸던 손을 위로 끌어올리며 상대방을 가격할 때의 타이밍과 일치시킨다.

* 킥을 차주는 반대쪽 디딤발은 지면에서 뒤꿈치가 들려있어야 한다.

Technique 004 킥 (Round house Kick)

*잘못된 킥 자세들

01 ▶ 디딤발이 조금더 좌전방으로 이동해야 체중을 실어주면서 조금더 강하게 타킷을 공격할 수 있다.

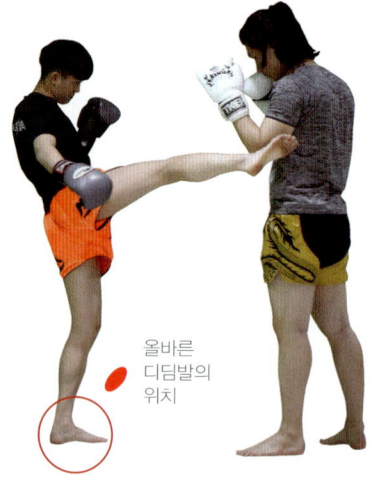

올바른 디딤발의 위치

02 ▶ (염좌 위험성) 킥킹시 디딤발을 바깥쪽을 향해 돌려놓아야한다. 무릎 안쪽에 통증을 유발할 수 있는 자세이다.

03 ▶ 디딤발인 왼발은 무릎을 접어놓았다가 타킷을 가격할 때 위로 뻗어주어야 하는데 처음부터 일자이다.
(디딤발의 탄력을 활용 할 수 없는 자세)

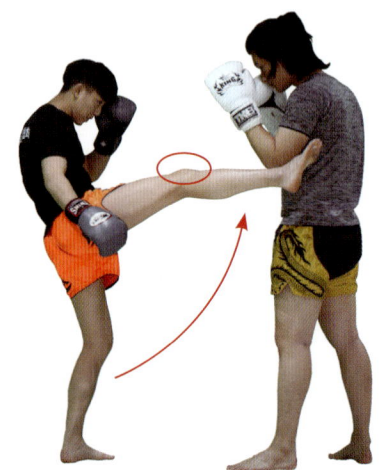

04 ▶ 차는 발의 무릎이 천장을 보고 있고 전반적인 동선이 옆으로가 아니라, 앞차기 처럼 아래에서 위로 이루어지고 있다.
이 경우 정강이가 팔꿈치와 부딪히며 타박상을 입게 된다.

Technique 004

05 ▶ 무릎 아래가 접혔다가 킥을 가하는 순간 펴져야 하는데, 차는 발이 처음부터 일자로 되어있다.

06 ▶ 팔을 뒤로제끼는 동작은 좋았으나 어깨를 과도하게 오픈시켜서 상체의 무게가 좌측으로 쏠리며 집중되는 것을 오히려 방해하고 있다.

07 ▶ 다른 동작은 좋은데 비해 힙과 허리를 깊이 넣지 않아서 무릎만 접혀 들어간 상태, 킥의 파워를 충분히 내기 어려운 자세이다.

08 ▶ 상체의 중심이 과도하게 뒤로 쏠린 경우이다. 킥의 파워가 반감되기 쉽다.

Technique 004 킥 (Round house Kick)

2) 미들킥 (middle kick: 앞발 / 떼람뚜어 싸이)

(1) style1 걸어가는 워킹스텝으로 middle Kick 차기

01 ▶ 뒷발(오른발)이 왼발을 지나 우전방으로 이동, 이때 왼손은 상대방의 좌측 안면부 쪽으로 뻗어준다.

02 ▶ 왼손을 뒤로 제껴주면서 상대방의 오른쪽 옆구리를 공격, 나머지는 뒷발 미들킥과 원리가 일치

*style2 보다 상대적으로 먼 거리에 있는 상대방을 따라가서 킥 공격을 할때 쓴다.

(2) style2 앞 뒤발의 위치를 동시에 바꾸어주며 middle Kick 차기 (switch left middle kick)

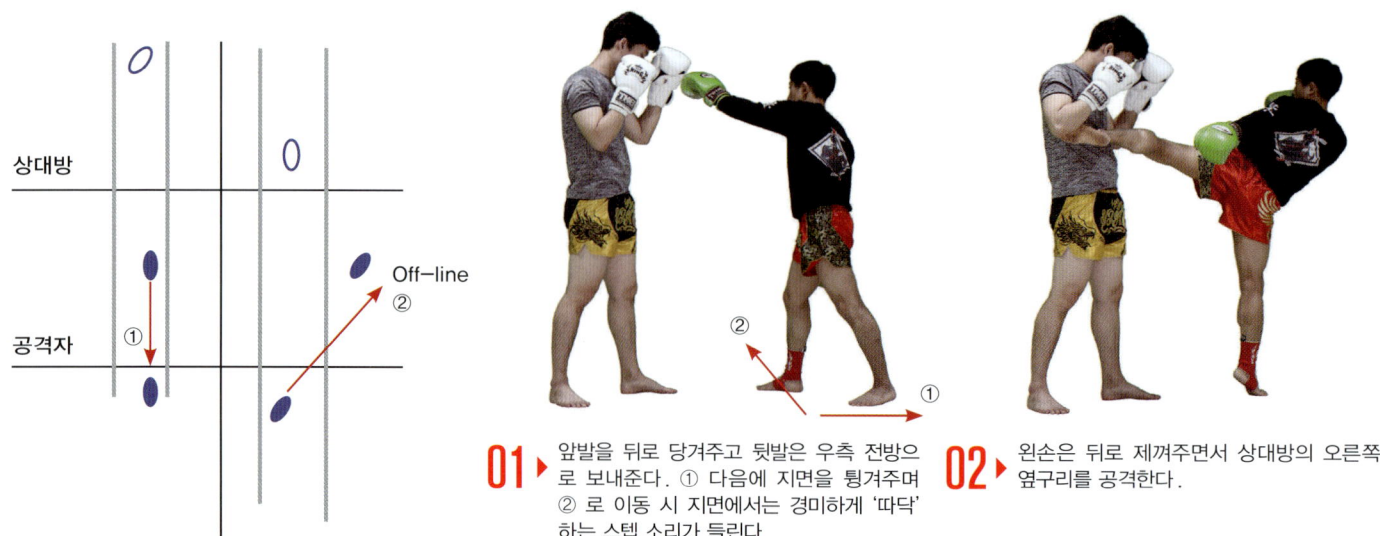

01 ▶ 앞발을 뒤로 당겨주고 뒷발은 우측 전방으로 보내준다. ① 다음에 지면을 튕겨주며 ② 로 이동 시 지면에서는 경미하게 '따닥' 하는 스텝 소리가 들린다.

02 ▶ 왼손은 뒤로 제껴주면서 상대방의 오른쪽 옆구리를 공격한다.

*style1 보다 상대적으로 가까이 있는 상대방에게 기습적으로 활용할 수 있다.

Technique 004

*Switch Left Middle Kick 의 쓰임

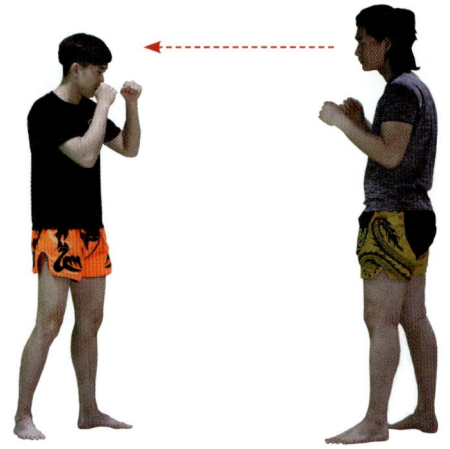
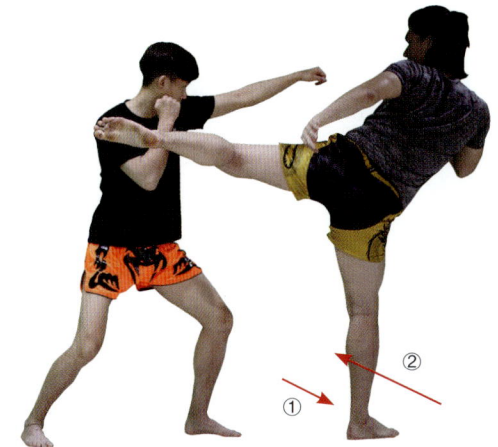

01 ▶ 상대방과 일정 거리에 있을 때 상대방이 펀치를 하려 하는 모션이 보인다면

02 ▶ 스위치 스텝을 하며 미들킥을 날린다. 빈 옆구리가 아닌 반대쪽이어도 상관없고 실제로 펀치를 날리지 않아도 상관없다. (팔에 데미지를 줄 수 있다.)

주의) 빠른 속도를 원한다면 스위치를 할 때 왼발을 과도하게 뒤로 빼지 않는다. 동작이 클수록 상대방이 공격을 알아차리기 쉽다. 뒤로 살짝만 빼주고 곧바로 스위치킥으로 공격한다.

*Jumping Middle Kick

01 ▶ 상대방에게 킥 공격을 가하는 순간 디딤발을 지면에서 점핑시키는 킥이다.

Technique 004 킥 (Round house Kick)

*Jumping Back Middle Kick (왼발을 활용한다)

01 ▸ 상대방이 거리를 좁히려고 뛰어들 때 뒤로 점핑하면서 킥을 날리고

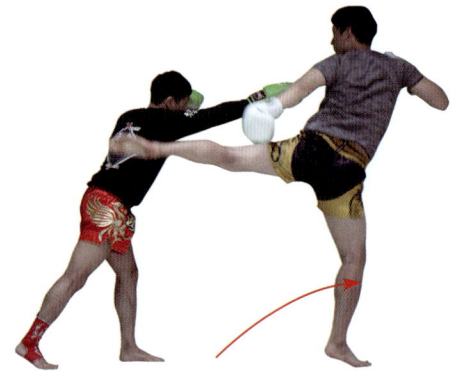

02 ▸ 자리에 착지하고 상대방이 계속해서 따라오면, 다시 뒤로 점핑하며 킥

03 ▸ 상대방이 거리를 좁히고 계속 쫓아온다면 클린치해주고

04 ▸ 클린치 이후 니킥으로 공격

05 ▸ 혹은 뺨 싸움 (상체를 이용한 몸싸움)으로 전환한다

Technique 004

3) 연속미들킥 (밸런스를 유지하는데 도움이 되고 심폐력을 향상시킬수 있다)

01 ▶ 킥을 차주고

02 ▶ 원래 보폭대로 돌아온 이후

03 ▶ 디딤발을 살짝 접어올렸다가

04 ▶ 매트에 접혀있는 상태로 올려놓은 뒤 펴주는 탄력을 이용해서 두 번째 킥 공격

중요 포인트) 1. 디딤발 각도의 유지
2. 디딤발이 접혔다 펴지는 탄력의 연속적 사용
3. 킥 이후 처음의 기본자세로 돌아오는 밸런스를 갖출 것

*디딤발 각도는 밖을 향해 열어놓은 상태 유지

01 ▶ 첫 번째 킥을 차주고 디딤발은 밖으로 열려 있는 각도를 유지해 주어야 한다.

02 ▶ 킥이 회수되는 타이밍에 디딤발을 원래 각도로 돌려놓게 되면

03 ▶ 다시 바깥쪽 각도로 열어주는 데 시간이 걸려 연속 킥의 속도가 떨어진다.

Technique 004 — 킥 (Round house Kick)

4) 로우킥 (Low Kick/Te ka)

① 상대의 측면을 노리는 로우킥

01 ▶ 디딤발을 대각선 전방으로 이동시키고, 손을 미리 뻗었다가 (가드 쪽은 내려주고)

02 ▶ 손을 뒤로 끌어당기고 킥을 하단으로 차주고 내렸던 가드 쪽 손은 순간적으로 스피디하게 끌어 올린다. (정면에서의 타킷은 허벅지 외측 부분)

Low Kick VS Middle Kick

* Low Kick 포인트

1. 타격을 가하는 포인트 – 허벅지 외측 부분 혹은 무릎 위쪽 인대 부분
2. 디딤발 및 중심이동 – 타격 시 디딤발의 무릎이 구부러지며 아래방향을 향해 중심을 낮춰 주어야 한다.

* Middle Kick

1. 타격을 가하는 포인트 – 상대방의 옆구리 (갈비뼈 밑 장기) 혹은 가드하고 있는 팔
2. 디딤발 및 중심이동 – 타격 시 디딤발 무릎이 펴지면서 중심이 위쪽으로 살짝 올라간다.

Technique 004

② 상대의 무릎 위쪽 인대 부분을 노리는 로우킥

*Left Pivot Step 이용 (측면에서 타킷은 무릎 위쪽인대부분)

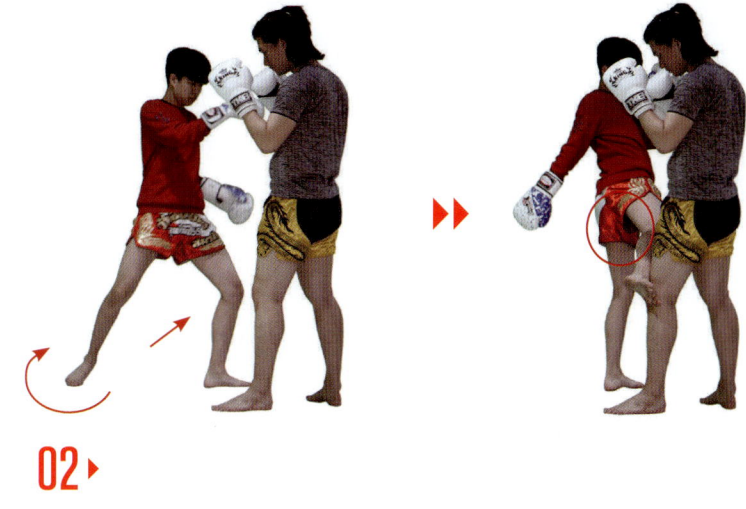

02▶

01▶ 상대방과 마주 보고 있다가

*Right Pivot Step 이용 (측면에서 타킷은 무릎 위쪽인대부분)

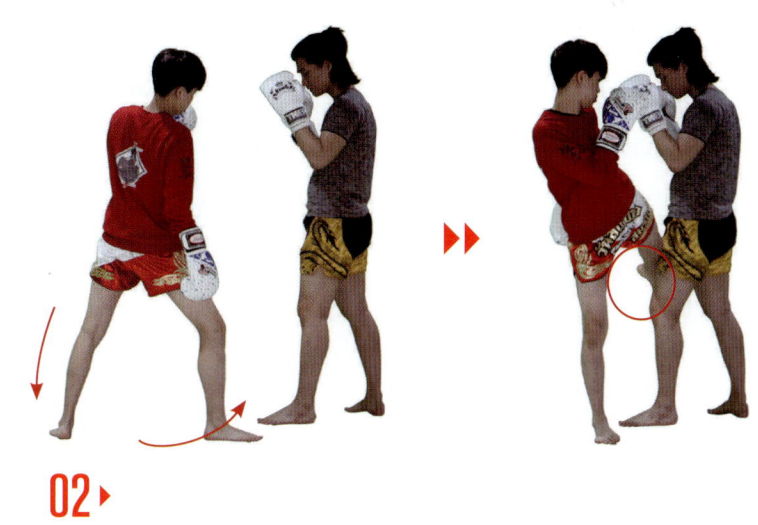

02▶

Technique 004 — 킥 (Round house Kick)

*Low Kick 공격 포인트

  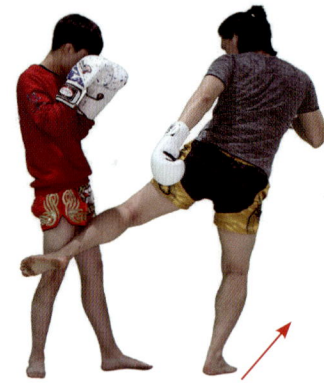 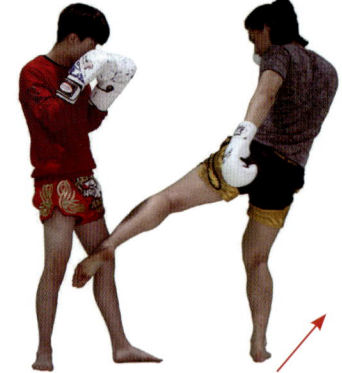

01 ▶ 앞발 대퇴부 바깥쪽   **02 ▶** 뒷발 대퇴부 안쪽   **03 ▶** 뒷발 대퇴부 바깥쪽   **04 ▶** 앞발 대퇴부 안쪽

응용 Skil) Jumping Low Kick

앞발을 접은 체로 위로 점핑

앞발 먼저 착지, 뒷발은 접어서 위로 살짝 올려주고

위에서 밑으로 내려찍으며 타격을 가한다.

Technique 004

*Faint Skil) 미들킥인 것처럼 모션을 주고 쓸어차기(Sweep Kick)

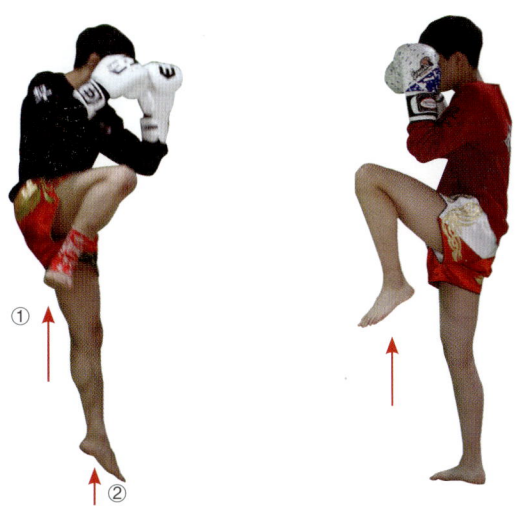

01 ▸ 중단차기 할것 같은 뒷발 무릎을 살짝 접어 위로 점핑, 앞발도 근소하게 점핑해준다.
(이 모션에서 상대방이 미들킥이 올줄알고 다리를 들어 방어태세를 갖추면)

02 ▸ 뒷발 먼저 착지

03 ▸ 앞발을 좌전방으로 이동

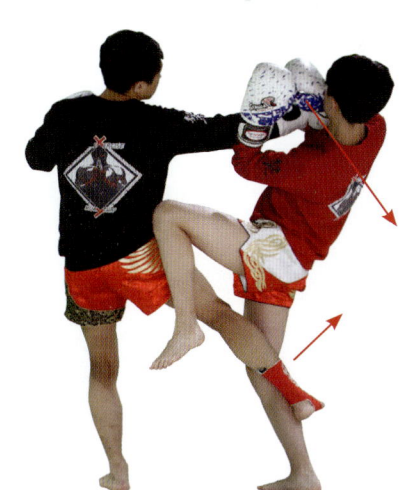

04 ▸ 앞발을 깊이 보내고, 뒷손으로 상대방의 상체를 밀며, 뒷발로 상대방의 뒷발을 쓸어 찬다.

킥 (Round house Kick)
Technique 004
combination

① 로우킥 + 라이트스트레이트 (기본박자)

01 ▶ 오른발로 로우킥을 가하여 하단 쪽으로 시선을 분산시키고

02 ▶ 킥을 가했던 오른발을 원래 위치로 회수하고

03 ▶ 오른손으로 스트레이트 공격을 가한다.

② 로우킥 + 라이트스트레이트 (변칙박자)

01 ▶ 오른발로 로우킥을 가하여 하단 쪽으로 시선을 분산시키고

02 ▶ 킥을 가했던 오른발을 원래 위치로 회수하고 동시에 오른손으로 스트레이트 공격을 가한다. (기본 박자보다 반박자 빠른 공격을 할 수 있다 .)

Technique 004

응용 Skil) Two Step Low Kick

01 ▶ 상대방에게 데미지를 주어 상대방이 뒤로 물러나면

02 ▶ 뒷발을 앞으로 한보 나가면서 (one step)

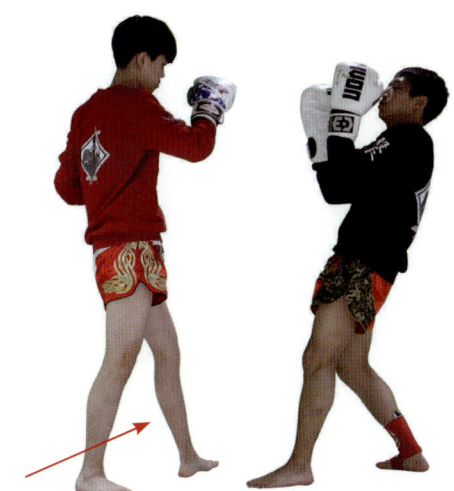

03 ▶ 뒷발이 된 발을 다시 한번 앞으로 보낸준이후 (two step)

04 ▶ 로우킥을 차준다. 상대방을 빠른속도로 추격하며 공격할 때 이 움직임을 사용한다.

Technique 004 — 킥 (Round house Kick)

(4) 로우킥 (Low Kick/Teka)

응용 Skil) Sweep Kick (Te Tad)

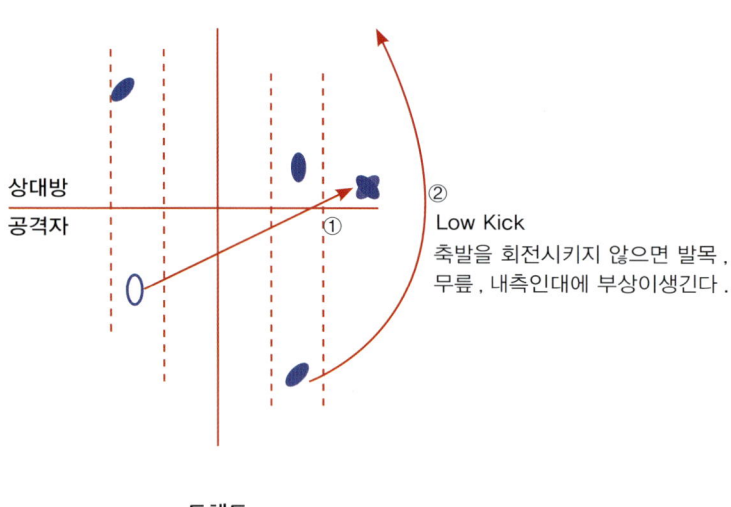

Low Kick
축발을 회전시키지 않으면 발목, 무릎, 내측인대에 부상이생긴다.

도해도

01 ▸ 상대방과 대치한 상태에서 스텝으로 치고 들어갈 기회를 포착하고

02 ▸ 앞발을 우전방으로 이동, 상대방의 앞발 바깥쪽에 위치시킨다

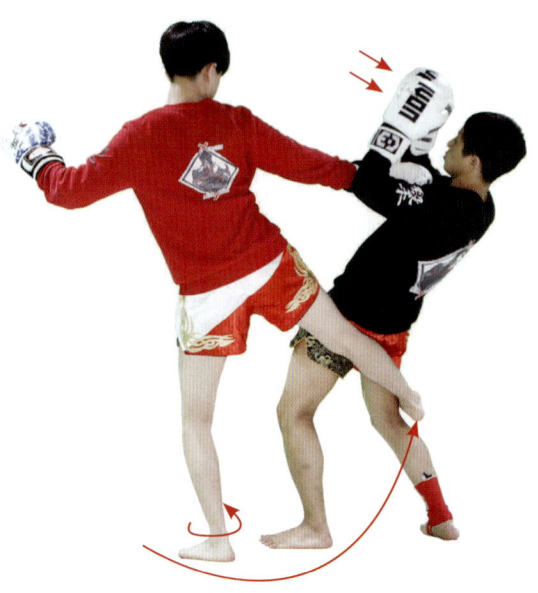

03 ▸ 앞발을 기준으로 턴을 하면서 상대방의 상체를 뒤로 눌러주는 동시에 '떼타드'를 이용하여 스윕

* 턴할 때 기준이 되는발의 이동각도가 크기 때문에 발목 무릎(반월판) 부상에 유의하여야 한다.
* 타격보다 상대의 중심을 흩뜨려 넘어드리는 데에 초점을 두는것은 떼 타드 (Te Tad) 이다.

Technique
004

combination 스킬

① 로우킥 + 미들킥

01 ▶ 로우킥으로 하단공격 (약박자) 상대방이 다리를 들어 방어하면.

02 ▶ 상대방의 방어한 다리가 지면으로 떨어졌을때 (공격자 로우킥이 회수된 타이밍) 왼발을 지면에서 살짝들어 올렸다가

03 ▶ 밑으로 내려주고 디딤발 탄력 미들킥으로 중단공격 (강박자)
(미들킥 연타같이 디딤발 탄력활용이 관건임)

② 미들킥 + 로우킥

01 ▶ 미들킥으로 중단 공격

02 ▶ 킥을 회수하여 원래 스탠스대로 돌아온다.

03 ▶ 왼발을 살짝들어 좌전방으로 이동 로우킥으로 하단 공격 (강하게) 마무리

Technique 004 킥 (Round house Kick)

(5) 하이킥 (High Kick)

기본셋업1) 하단킥(계속해서 하단차기를 하면 상대방은 가드를 밑으로 내린다) 이후 상단킥

01▶ 하단차기 1

02▶ 하단차기 2. 상대방의 가드가 내려간 것을 확인한 후

03▶ 디딤발을 살짝 낮추어주며 로우킥을 찰 것처럼 밑을 쳐다본다. 시선페이크 (이 과정이 아주 중요하다.)

04▶ 디딤발을 좌전방으로 이동 손을 미리 뻗어 킥 나갈 길을 설정한다.

05▶ 이후 상단킥 (디딤발은 위로 펴주어야 한다.)

기본셋업2) 미들킥이 오는 타이밍에 하이킥으로 반격

01▶ 상대방을 미들킥으로 공격하면, 상대방은 방어

02▶ 상대방이 방어 이후 같은쪽을 공격, 선공격자 역시 방어

03▶ 선공격자의 공격 (동일한쪽) 상대방 방어

04▶ 상대방의 미들킥 공격이 오는 타이밍에 하이킥 공격한다.

킥 (Round house Kick)

(6) 하이킥의 변형 (Question Mark Kick)

Technique 004

01 ▸ 허벅지쪽에 앞차기 하는 모션을 보여 주고

02 ▸ 무릎을 살짝 접어주며 다리를 회수해 준 이후

03 ▸ 그 각도에서 곧바로 올려찬다.

* 골반의 유연성을 필요로 하는 동작이므로 어느 정도 킥에 능숙한 수련생이 사용해야 한다.

Technique 004 킥 (Round house Kick)

(7) 킥의 방어 회 . 반격 . 캐치 (Grip)

1) 기본디펜스

① 바깥쪽 로우킥 디펜스 (기본)

01 ▶ ① 손을 뻗어 가까이 오지 못하게 견제 가드 유지. ② 다리는 들어올려 무릎을 바깥 방향을 향하게 살짝 돌려 놓는다.(엉덩이 측면 중둔근 개입)

02 ▶ 무릎을 외축으로 돌리지 않으면 (중둔근 개입이 약해짐)

03 ▶ 강한 로우킥을 맞을 때 돌아가 버릴 수 있다.

② 바깥쪽 로우킥 디펜스 (기본 / 반대방향)

01 ▶ 다리를 들어 올려 무릎은 바깥 방향으로 살짝 돌려 놓는다.

③ 안쪽 로우킥 디펜스

01 ▶ 무릎은 안쪽 방향을 향하게 하여 주고 다리를 들어 올린다.

④ 뒷발 미들킥 디펜스

01 ▶ 왼발을 들어 올려 디펜스, 무릎과 왼팔꿈치는 맞물리게 하여 공간없이 해주고 (옆구리 보호) 반대팔은 뻗어서 상대방의 후속공격을 견제한다.

⑤ 앞발 미들킥 디펜스

01 ▶ 왼쪽다리를 들어올려서 안쪽으로 회전시키고 막아낼수 있다.

02 ▶ 오른쪽 다리를 들어 올려 막아주고 (이때 무릎은 오른쪽 팔꿈치와 밀착시켜 옆구리보호) 반대손은 길게 뻗어 상대방의 후속 공격을 견제한다.

2) 디펜스 이후 반격

① 왼발킥 방어 이후 오른발킥으로 공격

01 ▶ 다리를 들어 방어해준 이후

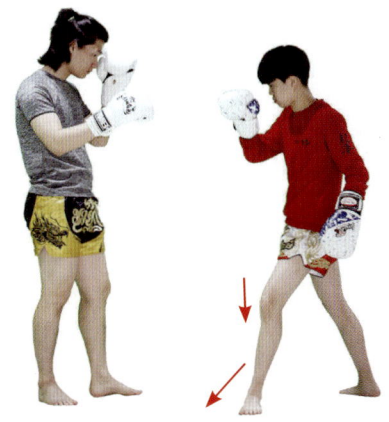

02 ▶ 방어했던 다리를 좌전방으로 이동시켜 디딤발로 만들어 주고

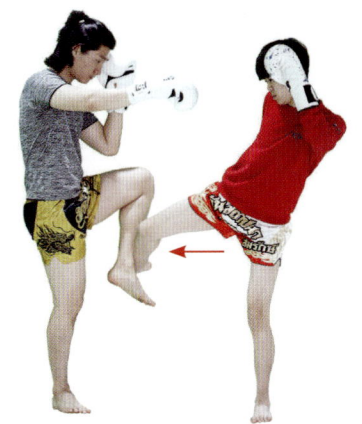

03 ▶ 오른발 로우킥 시도

② 오른발킥 방어 이후 왼발 킥으로 공격

01 ▶ 왼발을 들어 방어

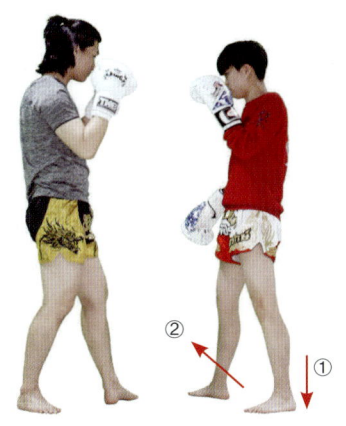

02 ▶ 왼발을 내려놓고 오른발을 우전방으로 이동

03 ▶ 왼발 미들킥

Technique 004 — 킥 (Round house Kick)

(7) 킥의 방어 회 . 반격 . 캐치 (Grip)

3) 킥 공격 이후 한발을 지면에 회수하지 않고 빠르게 반격

01 ▶ 미들킥 공격 이후

02 ▶ 공격할 발을 바닥으로 회수하지 말고 그대로 들고 있다가

03 ▶ 상대방이 찬 킥을 방어하고

04 ▶ 그대로 앞 밀어차기 (Push-Kick) 로 공격한다.

Technique 004

4) 하이킥 디펜스

① X-guard

01 ▸ 가드를 올려서 하이킥을 커버하고

02 ▸ 반대쪽 손은 아래로 넣어 위로 걸어올린다 (X-guard)

03 ▸ 이후 상대방의 디딤발에 로우킥 공격.

② X-guard 무효화 시키기

01 ▸ X-guard 윗부분이 뚫려 있으므로

02 ▸ 한번 더 다리를 들어 올렸다가 내려준다 (햄스트링의 유연성 필요)

③ X-guard 변형

01 ▸ 아래서 위로 걸어 올리지 않고 위에서 밑으로 걸어 X-guard를 완성시키고 (다리를 들어올려 X-guard를 무효화 시키는 방어를 사용할 수 없게 된다.)

02 ▸ 이후 위로 들어서 앞쪽으로 세게 밀쳐버린다.
디딤발에 스윕성 킥을 차주는 것도 좋다.

Technique 004 — 킥 (Round house Kick)

(7) 킥의 방어 회 . 반격 . 캐치 (Grip)

5) 하이킥을 피하고 반격

① 상체 뒤로 제껴 공격 흘려내기

01 ▶ 상체를 뒤로 제껴 상대의 킥을 흘려보내고

02 ▶ 돌아가 있는 상대방에게 킥

※ 거리 계산을 잘못하고 상체를 제끼다가 발등에라도 맞으면 충격이 크므로 스웨이 하며 양팔을 들어 올려주는 자세를 취하 면 안전성이 높아진다.
※ 스웨이(sway) 상체를 뒤로 제껴 피하는 동작.

② Sweep Kick

01 ▶ 상대방이 상단킥을 차주는 타이밍에 디딤발 쪽을 쓸어 차준다.

Technique
004

6) 로우킥 디펜스 (응용)

① 힙백 (Hip Back, Counter)

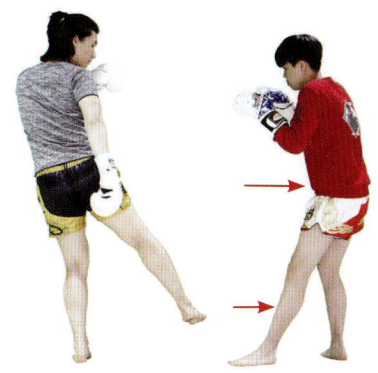

01 ▶ 엉덩이를 뒤로 빼주며 앞발을 끌어온다

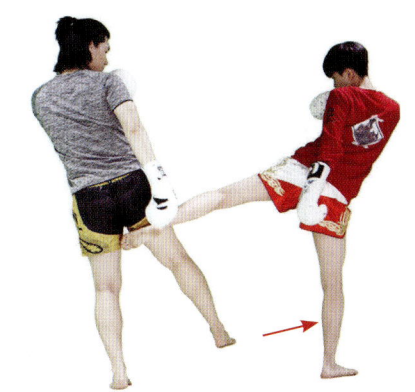

02 ▶ 공격이 빗나간 틈에 우전방으로 이동하여 킥 카운터

② 스텝이동 (좌 , 우 Turn)- 미들킥에 대한 수단으로 활용

01 ▶ 오른발 로우킥 타이밍에 맞추어 우측으로 턴

02 ▶ 스위치 (switch), 턴 (turn)

03 ▶ 앞손훅으로 상대방을 가격

04 ▶ 왼발킥 타이밍에 맞추어 레프턴 이후

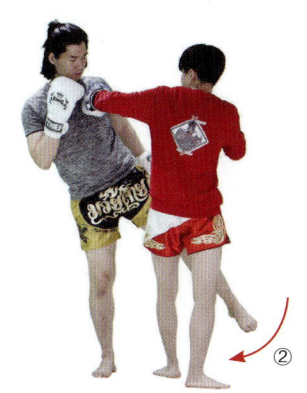

05 ▶ 앞손훅으로 가격

101

Technique 004 킥 (Round house Kick)

(7) 킥의 방어 회 . 반격 . 캐치 (Grip)

7) 미들킥 디펜스 (응용)

1) 상체 백스웨이

01 ▶ 미들킥이 들어올때 상체를 뒤로 제껴 공격을 흘려 보내고

02 ▶ 상대방이 헛스윙을 하면서 몸이 돌아가면

03 ▶ 좌전방으로 이동하여 Low Kick Counter (middle kick counter 도 가능)

2) 동시에 킥 카운터

미들킥 타이밍에 맞추어 우전방 이동 , 디딤발에 로우킥 공격 스윕성 킥을 차줘도 좋다

카운터 킥을 날리는 상대에 대한 카운터 기술

01 미들킥을 찰 때 상대방이 디딤발을 가격 하려는 움직임이보이면

02 미들킥 모션을 유지한 상태에서 포인트를 상대방의 요골쪽으로 낮추어 차주면서 동시에 뒤로 밀어낸다 .

3) 딥 뜬손 (Push Kick to Thigh)

01 ▶ 디딤발이 굽혀졌다 펴지면서 임팩트를 내기 이전 디딤발 무릎 위쪽에 밀어차기 공격 (디딤발이 뒤로 밀린상태는 킥에 체중을 싣기 어려워진다.)

02 ▶ 골반을 내회전, 혹은 외회전시켜 발바닥을 가로로 눕혀주면 공격면적이 넓어져서 빗나갈 확률이 적어진다. 반대방향 공격에 대한 대응도 마찬가지다.

4) 가드 굳건히 하고 킥안으로 뛰어들며 펀치 공격

01 ▶ 오른쪽 미들킥이 올때 왼손가드를 올려주고 정강이 부위에서 임팩트가 터지기 전에 인스텝하여 라이트 스트레이트

02 ▶ 왼쪽 미들킥이 올때 오른손 가드를 올려주고 정강이 부위에서 임팩트가 터지기 전에 인스텝하여 레프트 스트레이트

Technique 004

킥 (Round house Kick)

(7) 킥의 방어 회 . 반격 . 캐치 (Grip)

5) 좌우 (Turn) 활용

 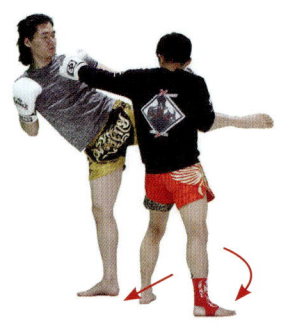  

01 ▶ 킥타이밍에 맞추어 좌측으로 턴

02 ▶ 동시에 앞손훅 공격

03 ▶ 킥타이밍에 맞추어 우측으로 턴

04 ▶ 동시에 앞손훅 공격

6) Kick Catch(Normal Grip)

 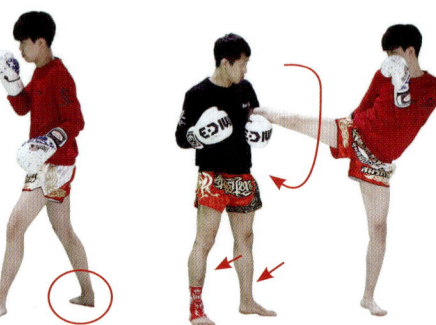  

01 ▶ 킥을 차는 타이밍이 감지되면

02 ▶ 사이드스텝으로 움직여 킥의 임팩트 지점을 피해주고 위에서 밑으로 팔을 얽어주 킥을 잡는다. 손을 세로로 세워 압박을 걸어준다.

03 ▶ 상대방이 균형잡기 어렵게 잡은 발을 위로 높게 띄우고

04 ▶ 디딤발에 로우킥을 가한다.

Technique 004

킥을 잡고 디딤발 스윕을 노렸는데 상대방이 밸런스가 좋으면

01 상대방이 밸런스가 좋아서 스윕 시도 실패시

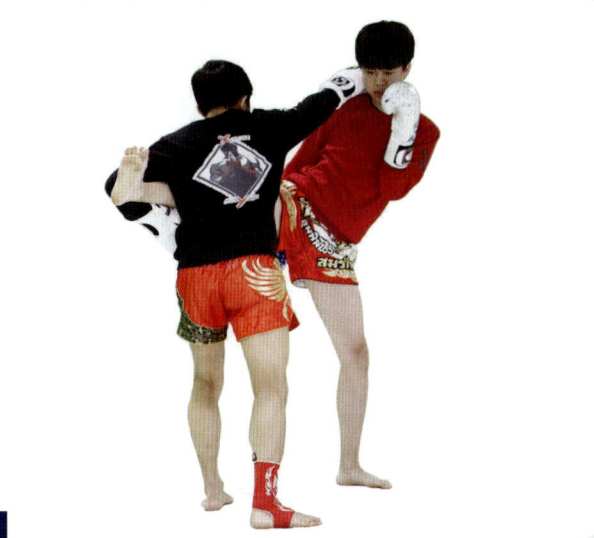

02 상대방의 목덜미쪽을 향해 대각선 방향으로 손을 뻗어주고

03 밑으로 끌어 내리면서 바깥쪽에 로우킥 시도

킥 (Round house Kick)

Technique 004

(7) 킥의 방어 회 . 반격 . 캐치 (Grip)

킥을 잡을 때 하지 말아야 할 실수들

① 가드를 내려서 안면을 노출시키는 행동

01 킥을 잡은이후 (정강이 뒤쪽 비복근과 주변 부위)

02 오른쪽 가드를 내려놓은 채 유지하고 있으면 비어 있는 안면을 방어할 수 있는 수단이 없다

② 로우킥을 잡으려고 팔을 내리는 행동

01 안면이 노출되어

02 킥을 허용할수 있다 (* 로우킥은 잡는것보다 다리를들어 방어하는 것이 좋다 .)

③ 킥을 과도히 깊게 들어가서 잡는행동 (오금잡기)

01 오금을 잡으면

02 팔힘보다 다리힘이 세기 때문에 상대방은 잡힌 다리를 그대로 끌어당긴다.

④ 킥을 과도하게 얕게 잡는 행동 (뒤꿈치 잡기)

01 발뒤꿈치에 가까운 부분을 잡으면

02 상대방은 그대로 다리를 올려

03 빼내어 버린다.

7) Kick Catch (Reverse grip)- 상대방이 오른발 미들킥을 찰 때

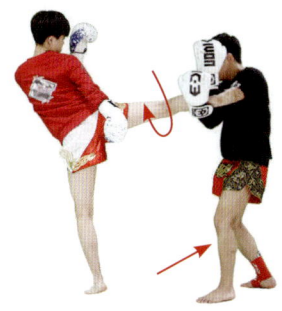  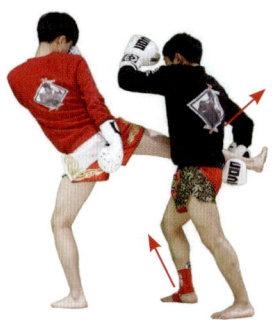 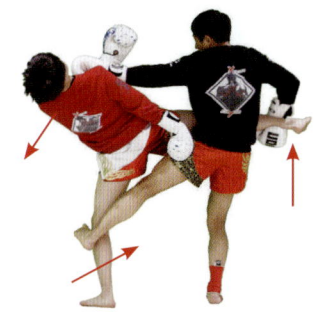

01▸ 우측사이드 스텝으로 이동하면서 아래서 위로 그립을 잡아주고

02▸ 상체는 뒤로 빼주고 다리는 밑으로 살짝 끌어 내린뒤

03▸ 대각선 방향으로 빼내주면서 디딤발은 사선으로 이동

04▸ 잡은손을 높게들어 올려주며, 상대방의 상체를 뒤로 떠미는 동시에 디딤발에 로우킥

8) Kick Catch 이후반격

① Kick Catch ➡ Push ➡ Counter Kick

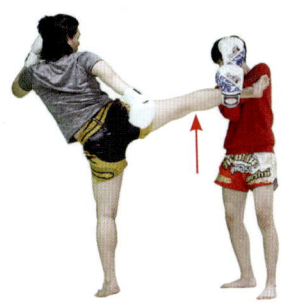 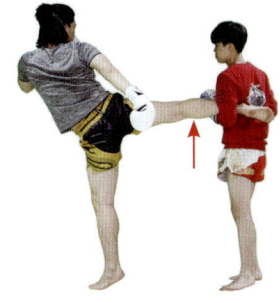 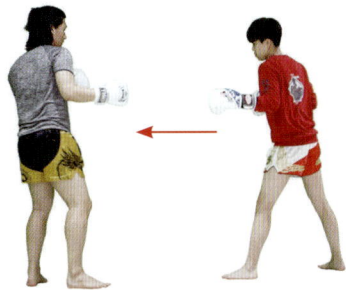 

01▸ 킥을 잡고 (Reverse Grip)

02▸ 킥을 위로 들어올리고 (Normal Grip)

03▸ 뒤로 떠민다음 (push)

04▸ 쫓아가서 킥으로 반격

Technique 004 — 킥 (Round house Kick)

(7) 킥의 방어 회 . 반격 . 캐치 (Grip)

② Kick Catch ➡ Knee Kick

 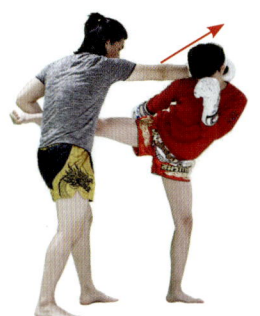  

01 ▶ 상대방의 킥을 잡은 상태에서
02 ▶ 손을 대각선으로 뻗어 뒷목을 잡고
03 ▶ 밑으로 끌어내리면서 니킥
04 ▶ 훅은 이후 몸싸움으로 전환

③ Kick Catch ➡ Back spinning Elbow

 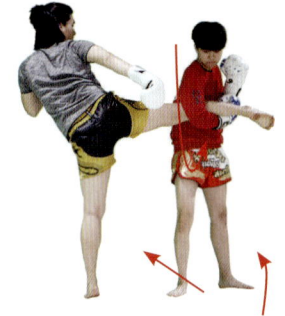 

01 ▶ 상대방의 오른발 킥감지
02 ▶ 우측으로 턴하며 오른손으로 위에서 밑으로 휘감아주고
03 ▶ 백스핀 , 엘보 공격

 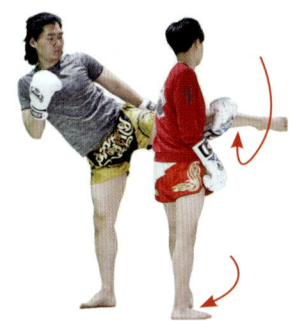 

04 ▶ 상대방의 왼발 킥감지
05 ▶ 좌측으로 턴하며 왼손으로 위에서 밑으로 휘감아 주고
06 ▶ 백스핀 , 엘보 공격

Technique 004

9) 링로프나 코너가 뒤에 있다면

01 ▶ 킥을 잡은 후 위로 올려주고

02 ▶ 로프쪽으로 거세게 밀어준 이후

03 ▶ 상대방이 반동으로 튕겨져 나올때 점핑 니킥

Technique 004 — 킥 (Round house Kick)

(8) Kick 이 잡힌 경우 대처법

① 밸런스를 유지하고 펀치카운터

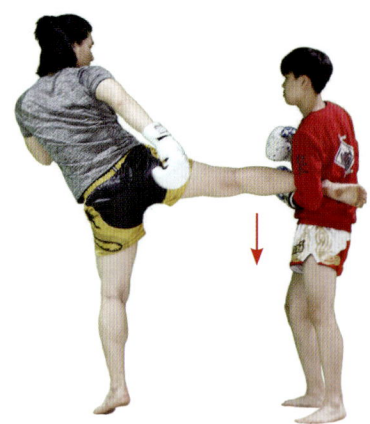

01 ▶ 밸런스를 잘 유지하고 상대방이 다리를 쉽게 들어올리지 못하게 잡힌 다리에 체중을 실어 밑으로 끌어 내린다.

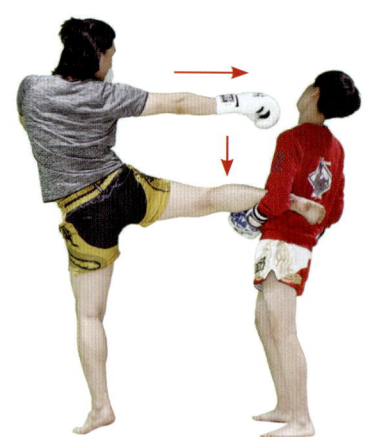

02 ▶ 다리를 잡느라 비어있는 쪽에 잔펀치를 꽂아준다.

03 ▶ 타격을 입게되면 그립이 풀린다.

* 킥을 잡고 비어있는 쪽 안면을 맞지 않으려면

01 킥을 잡고 있는 반대쪽 손을 올려 손바닥 부분으로 상대방의 공격을 막아주고

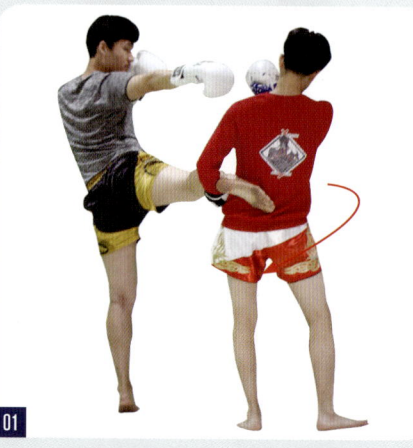

01 상대방의 바깥쪽으로 회전하며 상대방의 힘을 빼놓는다. 상대방은 여기에서 넘어질 수도 있고

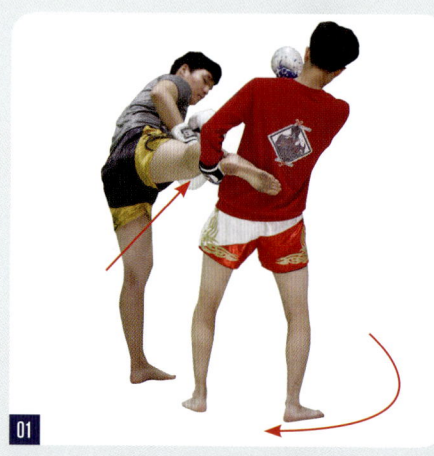

01 넘어지지 않았다면 밸런스를 유지하느라 이미 지쳐 있는 상태이므로, 조그만 힘으로도 스윕이 가능하다. 상대방의 다리는 안쪽으로 밀어 주고, 상대방의 바깥으로 세게 돌아준다.

Technique 004

② 힘 방향과 맞추어 점핑 후 엘보 타격 ➡ 상체를 끌어 내리고 니킥 타격

01 ▶ 상대방이 들어올리는 힘이 셀때 억지로 중심을 밑으로 내려 버티려고 하면 골반부에 부상을 입기 쉽다.

02 ▶ 위로 같이 점핑해 주면서 비어있는 안면을 팔꿈치로 타격해 주고

03 ▶ 밑으로 내려올 때 상대방의 뒷목이나 뒤통수를 잡고

04 ▶ 끌어내리며 잡혀있던 다리를 뜯어 낸다.

05 ▶ 이후 니킥

③ **킥 방향 그대로 돌려빼기**

01 ▶ 킥을 찰 때 회전시켰던 상체 방향을 따라서

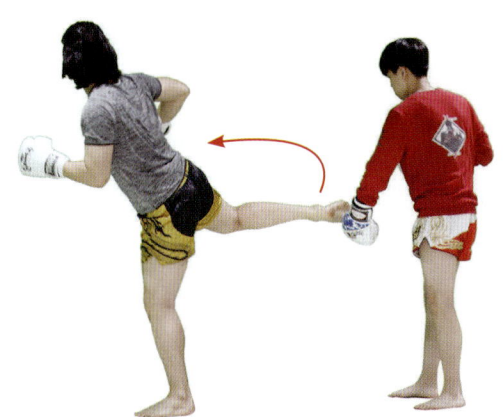

02 ▶ 킥을 뽑으며 돌려 버린다.

Technique 004 킥 (Round house Kick)

(8) Kick 이 잡힌 경우 대처법

④ 잡힌 다리를 회전시키면서 골반 밀어주고 빠져 나오기

01 ▶ 무릎을 안쪽으로 돌려 아래방향으로 돌려주고

02 ▶ 바깥으로 다시 역회전 시킬 때의 탄력을 이용

03 ▶ 상대방의 골반을 발로 밀어차며 빠져 나온다.

⑤ 잡힌 다리를 구부렸다가 반동을 이용하여 펴기

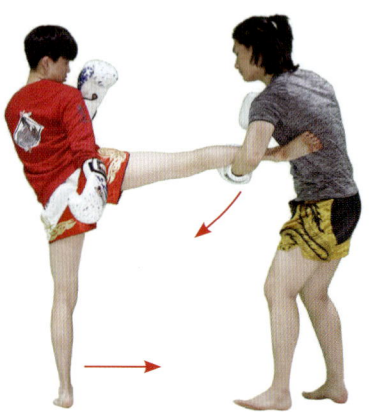

01 ▶ 오금을 접어주며 상대방쪽으로 이동

02 ▶ 다리를 살짝 접었다가 상대방 몸에 닿아있는 부분으로 상대방을 밀어낼 준비를 하고 (한번에 다리를 잡아뺄 수 없으면 접었다가 밀어내는 동작을 반복한다 .)

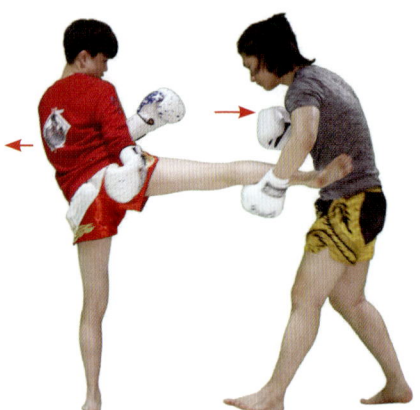

03 ▶ 아랫배에 힘을 주며 상대방을 거세게 밀어낸다.

Technique **004**

⑥ 지면 방향으로 무릎을 돌려 밑으로 빼낸 이후 Side Kick 반격 (상대의 잡는 힘이 강해 ⑤가 통하지 않을 때)

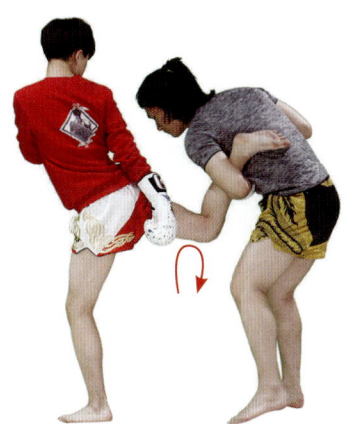

01 ▸ 무릎을 안쪽으로 돌려 지면을 수직으로 바라보게 한다.

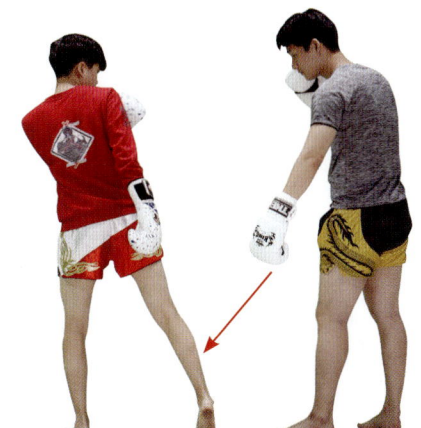

02 ▸ 힘을 주어 땅쪽을 향해 뽑아내린다.

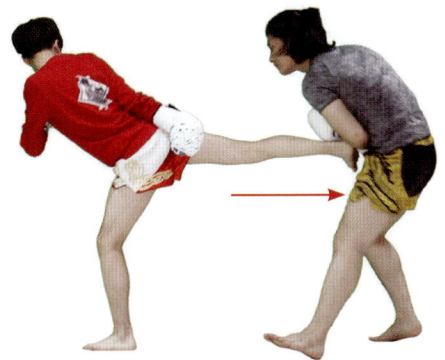

03 ▸ 이후 옆차기로 전환하여 상대방이 붙을 수 없게 떨어뜨려 놓는다.

킥 (Round house Kick)

Technique 004

(8) Kick 이 잡힌 경우 대처법

⑦ 밀어붙이는 상대방의 손을 페링 이후 사이드스텝으로 측면을 빼앗고 니킥 반격

01 ▶ 킥을 잡은 후

02 ▶ 뒤로 강하게 떠밀며 밀어 붙이는 경우

03 ▶ 밀어주는 팔을 페링해주며 상대방의 앞발뒤로 돌아갈 준비

04 ▶ 상대방의 앞발 뒤로 잡힌 발의 반대발을 위치 시킨다

05 ▶ 중심을 낮추어 잡힌 발을 뜯어낸다

06 ▶ 이후 상대방을 끌어내리면서 니킥

킥 (Round house Kick)

(9) 킥 이후 연결가능한 회전 (Back, Spin) 공격과 그에 대한 방어

Technique
004

Back, Spinning Kick

01 ▶ 상대방의 백스웨이로 킥이 미스나고

02 ▶ 이후 몸이 돌아가면 킥 미스한 발을 축으로

03 ▶ 골반을 바깥으로 회전 시키면서 뒤돌려차기 (Back, SpinningKick)

Back, Spinning Blow, Elbow

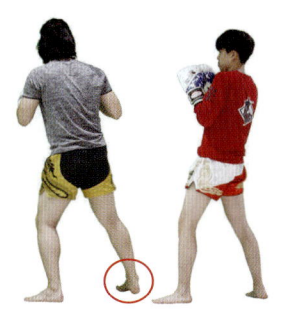

01 ▶ 상대방의 백스웨이로 킥 실수 하면,

02 ▶ 실수 이후몸이 돌아가면 실수한 발을 축으로

03 ▶ 허리를 회전 시키고 그 힘으로 상대방을 '메권'으로 가격 (Back, Spinning Blow)

04 ▶ 거리가 가깝다면 허리 회전력을 이용하여 팔꿈치로 가격 (Back, Spinning Elbow)

Technique 004 — 킥 (Round house Kick)

(9) 킥 이후 연결가능한 회전(Back, Spin) 공격과 그에 대한 방어

① Back, Spinning Blow 혹은 Elbow 를 시도하는 상대에 맞서는 방법

01 ▶ 상대방의 상체 회전이 끝나기 전에 인스텝 하며 상대방을 Sok Hud(아래에서 위로 쳐 올리는 팔꿈치 공격)로 공격하고

02 ▶ 상대방을 밀어내 버린다. 앞의 동작을 생략하고 바로 시행해도 무방하다.

03 ▶ 추격하며 미들킥

② Back, SpinningKick 이 올때 좌우 Turn Step 을 활용하여 맞서 는방법

01 ▶ 오른발 뒤돌려차기가 올때 왼쪽 Turn Step, 킥의 임팩트 지점을 피해주고

02 ▶ 상대방의 사각에서 공격

03 ▶ 왼발 뒤돌려 차기가 올때, 오른쪽 Turn Step, 킥의 임팩트 지점을 피해주고

04 ▶ 상대방의 사각에서 공격

딥 : Teep

(1) 딥의 종류, 타격방법 쓰임

Technique 005

① 공격하는 발 모양에 따라

01 ▶ 발가락 끝으로 장기를 찌르듯 상대를 가격 (Teep Jig)

02 ▶ 발바닥 앞 압축으로 상대를 가격 (Teep Sot)

03 ▶ 발바닥 전체로 상대를 가격 (Teep Throng)

04 ▶ 발바닥 뒤축으로 상대를 가격 (Teep Ting)

② 타킷의 위치에 따라

01 ▶ 허벅지(무릎위 인대부분)를 가격

02 ▶ 발을 옆으로 틀어 가격

03 ▶ 상대방의 복부(명치)를 가격

04 ▶ 상대방의 안면(얼굴)을 가격

Technique 005

딥 : Teep

(1) 딥의 종류, 타격방법 쓰임

③ 타격 방법

01 ▶ 기본자세에서 숨을 들이마시면서 앞 다리의 오금을 접어 올린다

02 ▶ 앞발차기하는 쪽과 동일한 손을 뒤로 제껴주고 힙과 골반은 깊숙히 앞방향 으로 밀어 넣는다.
상체는 뒤로 눕히되 턱이 위로 들리 지 않도록 한다.

＊잘못된자세

턱을 위로 들어 올리면 머리가 뒤쪽으로 쏠리 면서 중심도 뒤로 쏠린다. 공격자가 뒤로 넘어 질 수도 있다.

④ 쓰임

01 ▶ 상대방이 직선으로 밀고 들어 오며 공격을 할때

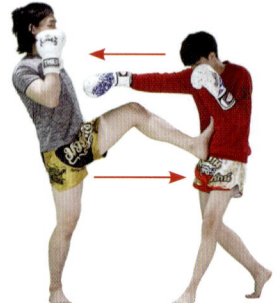

02 ▶ 딥으로 반격

03 ▶ 상대방이 킥을 시도할 때 디딤 발에 밀어차기 공격

04 ▶ 디딤발이 뒤로 밀리면 킥은 타킷을 때리지 못하고 미스나 면서 차기를 시도한 상대방이 중심을 잃기 쉽다.

딥 : Teep
(2) 딥의 응용 및 변형

Technique 005

① 하단딥과 상단딥의 연결기술

01 ▶ 하단공격으로 상대방의 주의를 돌리고

02 ▶ 회수해주고 지면을 밟을때의 탄력을 이용, 공격한 다리를

03 ▶ 상단딥으로 공격

② 점핑딥 (Jumping Teep)

01 ▶ 떨어진 거리에서

02 ▶ 앞으로 점핑하면서 과감하게 공격용으로도 사용 가능

③ 점핑스위치 딥 (Jumping Switch Teep)

01 ▶ 앞발로 밀어차기 시도, 상대방은 백스텝으로 회피

02 ▶ 앞발을 접어올리면 상대방은 앞발에 대해 견제하려는 움직임을 보인다.

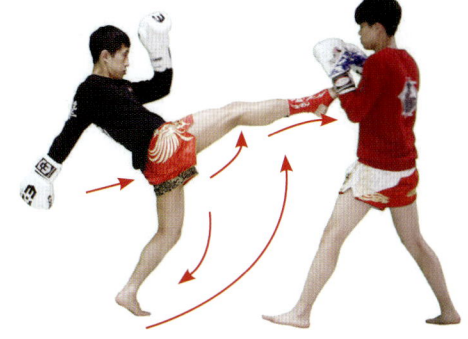
03 ▶ 점핑해서 체공하는 동안 앞뒷발을 바꾸어 뒷발로 밀어차기

Technique 005

딥 : Teep
(2) 딥의 응용 및 변형

④ 사이드딥 (Side Teep /push Kick)-(옆방향밀어차기): 최장거리 공격

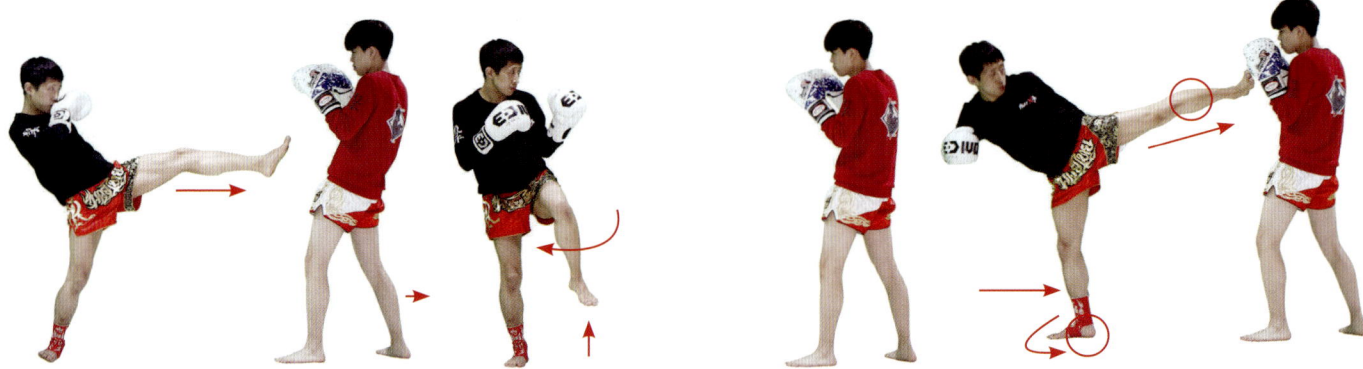

01▶ 앞밀어 차기 시도, 상대방이 백스텝으로 회피

02▶ 다리를 접어올리면서, 무릎을 안쪽방향으로 돌려주고

03▶ 앞으로 점핑하면서 옆차기, 디딤발의 뒤꿈치는 최종적으로 상대방을 향하게 해준다.

*Side push Kick 에 대한 대처법

01 사이드딥을 차주는 타이밍에 사이드스텝으로 이동

02 팔을 사용하여 상대방의 종아리를 잡아서

03 대각선 방향으로 힘 있게 끌어내린다.

딥 : Teep

(3) 딥에 대한 방어

Technique 005

(1) 페링이후 킥공격

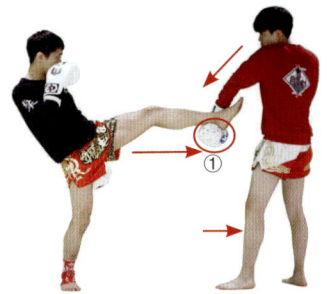 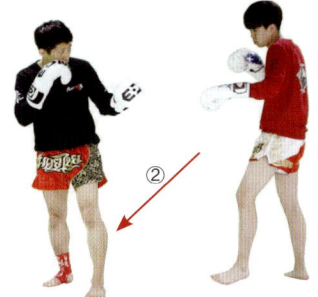  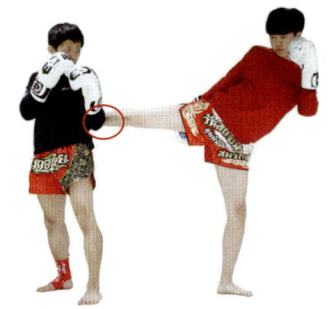

01 ▶ 백스텝을 하면서 위에서 밑으로 팔을걸고

02 ▶ 안쪽 대각선 방향으로 쳐낸다

03 ▶ 상대방 몸이 돌아가면 돌아간 쪽에 로우킥

04 ▶ 혹은 미들킥

① 뒷손을 이용해서도 쳐낼 수 있으나 앞손을 밑으로 내려 쳐줄때 손의 면적이 넓어지기 때문에 뒷손보다 쉽게 페링이 가능하다.
② 일반적으로 밖에서 안쪽 대각선 방향으로 쳐내기 때문에 쳐낸 이후에는 상대방의 힙이 보인다.

(2) 페링이후 엘보공격

01 ▶ 안에서 밖으로 쳐냈다면

02 ▶ 밸런스를 잡은 상대방이 공격하기 이전 신속히 인스텝

03 ▶ 팔꿈치 공격

(3) 다리들어 방어

01 ▶ 킥을 방어하듯 다리를 들어올려 방어

Technique 005

딥 : Teep

(3) 딥에 대한 방어

(4) 뒤로 당기기

① 상대의 골반 안쪽 방향으로 당기기

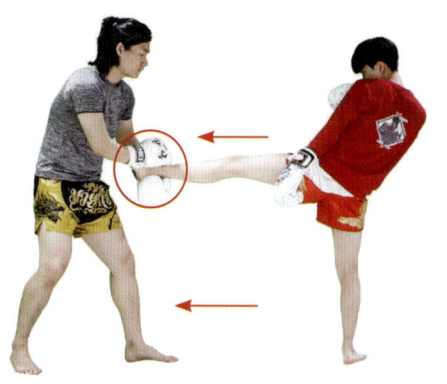
01 ▶ 백스텝하며 한팔은 뒤꿈치 또다른 팔은 발 등을 잡아 공격 방향 그대로 잡아당긴다.

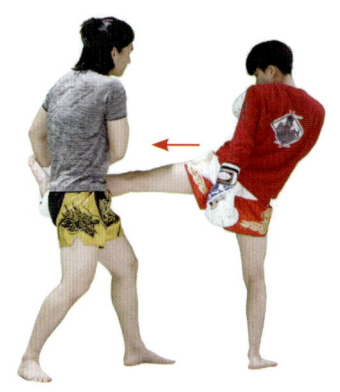
02 ▶ 방어자의 좌측 골반쪽으로 잡아 당겨주 며 상대방이 딸려오면 잡고 있던 그립을 풀어주며

03 ▶ 앞손훅으로 상대방을 공격

② 당겨주며 스윕 (안쪽당기기)

01 ▶ 백스텝하며 찬발을 뒤로 잡아 당겨주고

02 ▶ 옆으로 턴스텝을 한다

03 ▶ 손으로 상대방의 상체를 밀어 주면서 동시 에 디딤발에 스윕킥시도

③ 상대의 골반 바깥쪽 방향으로 당기기

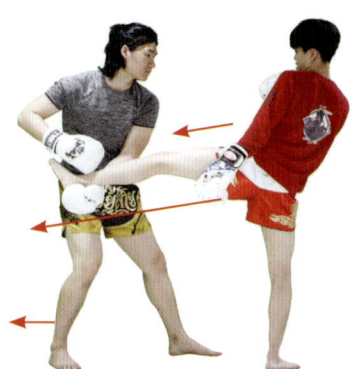
01 ▶ 백스텝 하며 상대방이 찬 다리를 방어자의 우측 골반쪽으로 잡아 당겨준다.

02 ▶ 상대방이 딸려오면 그대로 인스텝하여 팔꿈치로 타격

03 ▶ 또는 뒷손훅 공격도 좋다.

딥 : Teep

(4) 딥을 방어하는 상대방에 대한 방어

Technique 005

① 딥을 페링하는 상대방에게

01 ▶ 딥을 페링하여

02 ▶ 몸이 돌아갔다면

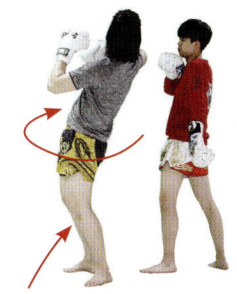
03 ▶ 돌아간 방향 그대로 몸을 더 돌려서

04 ▶ 백스핀 공격

② 딥을 잡아당기는 상대방에게 (상대방이 딥을 잡고 안쪽이나 바깥쪽으로 빼기 이전에)

01 ▶ 밀어차기를 잡아서 뒤로 잡아당기면

02 ▶ 상대방의 좌측이나 우측으로 발을 잡아빼기 전 (상대방의 몸앞에 발이 있을 때) 디딤발을 이용, 위쪽으로 점프. 한 발은 살짝 접어 줬다가

03 ▶ 앞으로 강하게 밀어 찬다.

③ P118 (4) 의 ①로 당기는 상대방에게

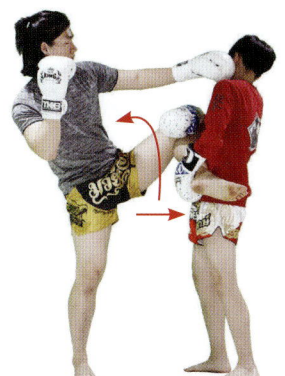

더 이상 딸려가지 않게 무릎을 접어 외측으로 돌려준다.
무릎이하가 – 가로모양이되어 막대기 (Bar) 처럼 상대방의 몸앞에 걸려 더 이상 딸려가는것을 방지해준다.
손을 뻗어 안면을 공격하거나 밀어내면서 잡힌다리를 풀어낸다.

팔꿈치 Elbow/Sok

Technique 006

(1) 목적에 따른 타격 방법의 차이

① 눈썹 주변이나 이마같이 피부조직이 얇은 곳에 상처를 내서 출혈로 인한 Tko 를 유도하는 경우

01 ▶ 힘을 빼고 팔꿈치 끝만을 이용해서 정확하고 신속하게 타킷 위를 지나가게 친다.

② 턱이나 관자놀이를 가격하여 의식을 빼앗고자 하는 경우

02 ▶ 허리 회전력을 이용하여 전력을 다해 타킷위를 찍어버린다. (깊이 들어가서 하는 공격)

팔꿈치 Elbow/Sok

(2) 수직, 수평 팔꿈치와 실전 응용 방법

Technique 006

1) 수직 팔꿈치 (Levering Elbow/Sok Hud)

01 ▶ 상대방에게 접근하여

02 ▶ 접혀 있던 무릎을 펴주며 아래에서 위로 팔꿈치 공격

① 상대방의 양쪽가드 사이를 통과시켜 아래턱을 공략한다.
② 옆머리를 빗어 올리듯 동작을 취해주며 (앞 중심) 팔꿈치가 자신의 눈썹 위로 올라가지 않게 한다.

* 방어 및 반격

01 백스텝으로 거리를 벌리며 상체를 백스웨이

02 이후 비어 있는 옆구리에 킥 공격을 가한다.

03 팔꿈치를 수평으로 돌려 +(열십)자, 형태의 모양이 되게끔 방어

04 이후 반대쪽에 카운터 엘보 공격

Technique 006

팔꿈치 Elbow/Sok

(2) 수직 , 수평 팔꿈치와 실전 응용방법

2) 수평 팔꿈치 (Horizenta/ Elbow/Sok Tad)

01 ▶ 기본 자세에서

02 ▶ 팔꿈치 이하는 바닥과 평행이 되게 들어 올려주고

03 ▶ 주먹보다 팔꿈치를 앞으로 보내며 허리와 뒷발을 회전시킨다

① 응용

01 ▶ 상대방이 직선으로 밀고 들어올때 좌측턴을 하면서 반대 방향쪽을 공격

② 응용

01 ▶ 1타 훅을 던져 공격하고

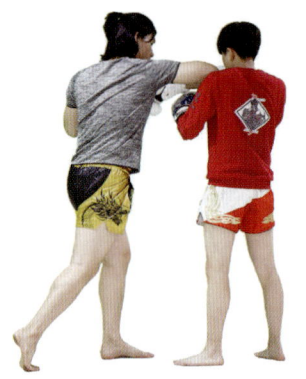

02 ▶ 2타를 팔꿈치 공격으로 연결

③ 응용

01 ▶ 상대방의 가드를 위에서 밑으로 쳐내려주고

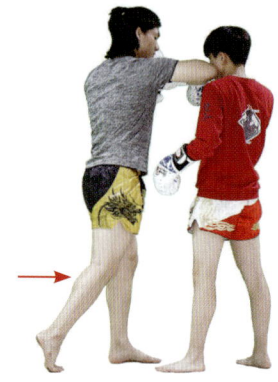

02 ▶ 쫓아가서 팔꿈치 공격

④ 응용

01 ▸ 상대방이 클린치 시도시에 상대방의 양팔사이 공간에 수직 팔꿈치

02 ▸ 이후 반대팔은 상대방 팔을 바깥으로 밀어내고

03 ▸ 공간이 벌어지면 위에서 밑으로 눌러내린 후

04 ▸ 인스텝하며 팔꿈치 공격

⑤ 응용

01 ▸ 클린치 싸움시 바깥 포지션인 사람이

02 ▸ 안쪽으로 가기 위해 팔을 밑으로 내리는 순간, 안쪽 공간으로 들어 가지못하게 블록해주고

03 ▸ 비어 있는 공간에 팔꿈치 공격

⑥ 응용

  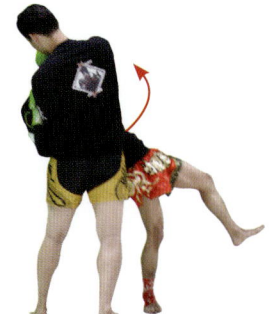

01 ▸ 상대방이 인사이드로 들어가려는 것을 블록해주고

02 ▸ 역방향으로 턴을 시켜 주면서

03 ▸ 넘어뜨릴 수 있다

* 킥복싱과 다르게 무에타이는 팔꿈치 공격이 자유롭고 맞잡은 상태에서 공방이 계속해서 이루어진다면 연속 니킥이 허용되며 붙은 상태에서 서로 힘겨루기를 하다가 중심을 빼앗아 넘어뜨릴 수 있다.
주로 상체를 이용한 몸싸움 공방이 펼쳐지는데 '빰'이라고 하며 팔꿈치, 무릎 공격이 빰 싸움 중에 같이 쓰인다.

Technique 006

팔꿈치 Elbow/Sok
(2) 수직, 수평 팔꿈치와 실전 응용방법

3) 팔꿈치 공격의 타이밍

①

01 ▶ 상대방이 훅을 던질때

02 ▶ 암블로킹 하듯이 디펜스 하는 동시에 Sok Hud

②

01 ▶ 상대방이 니킥 시도시 상대방의 흉부를 밀어버리고

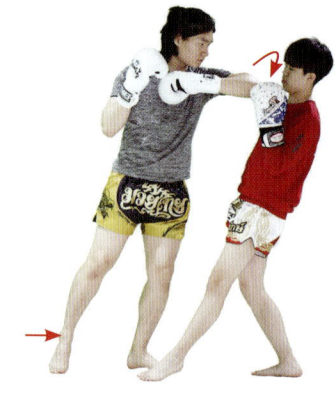

02 ▶ 쫓아 들어가서 팔꿈치 공격

③

01 ▶ 상대방이 연속니킥을 찍을때

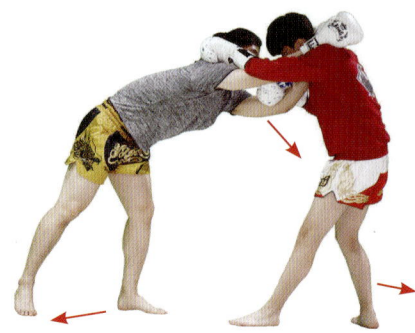

02 ▶ 찍는 무릎쪽의 발이 뒤로 빠졌을 때, 뒤쪽으로 이동하면서 상대방의 팔꿈치 관절을 눌러 내려주고

03 ▶ 가드가 없어진 쪽에 팔꿈치 공격

Technique **006**

④

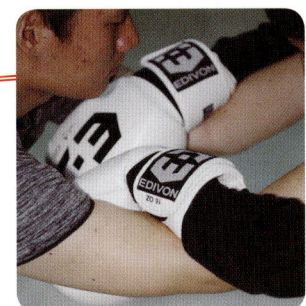

밖에서 안쪽으로 팔을 집어넣어 위에서 밑으로 압박을 가하면 상대방은 더 이상 목을 끌어 내리기 힘들게 된다.

01 ▶ 상대방이 인사이드 클린치를 잡았을 때 밖에서 안쪽으로 손을 넣어 상대방의 겨드랑이를 파준다.

02 ▶ 상대방이 니킥을 할때

03 ▶ 위에서 밑으로 눌러내려 상대방의 팔이 접혀지게 한다 (공간의확보)

04 ▶ 접근하여 팔꿈치 타격을 날린다.

Technique 006

팔꿈치 Elbow/Sok

(3) 수평, 수직 팔꿈치의 방어 및 반격

방어 및 반격

① 방어 및 반격

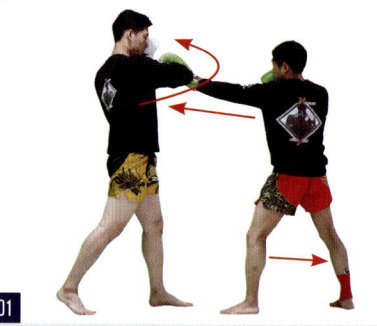
01
팔꿈치 공격이 들어오는 순간 뒤로 백스텝하면서 팔꿈치보다 윗부분의 팔뚝을 방어해주고

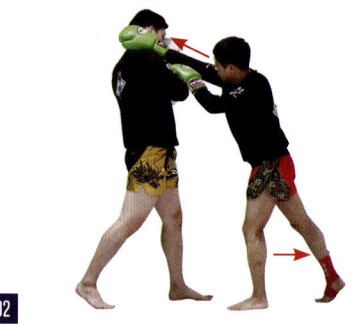
02
방어한 팔을 올려 놓은 상태에서 나머지 팔고 대각선 방향으로 뻗어주고 (상대방의 뒷목 부분)

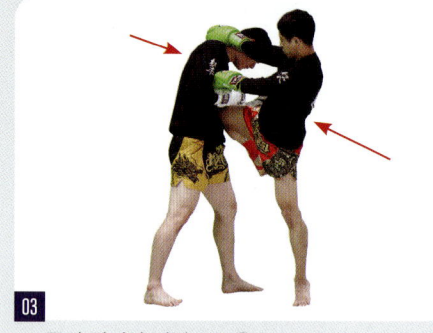
03
끌어 당기며 니킥으로 응수

② 반대쪽 팔꿈치 방어 및 반격

01
백스텝하며 뒷손으로 팔꿈치방어 (상대방 팔과 일렬상에 있는 팔을 활용하여 방어)

02
방어한 팔을 올려놓은 상태에서 나머지팔을 대각선방향으로 뻗어주고 (상대방의 뒷목부분)

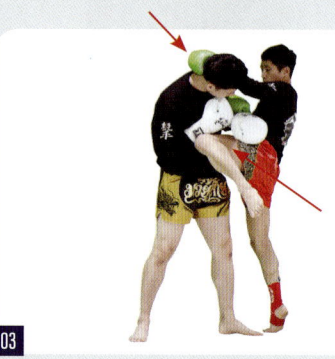
03
끌어당기며 니킥으로 응수

③ 방어 및 반격

01 수평으로 공격하는 팔꿈치에 Sok Hud 를 갖다대어 방어해 주고
(Sok Tad vs Sok Hud)

02 이후 반대쪽을 팔꿈치로 공격

④ 방어 및 반격

①

01 상체를 뒤로 백스웨이해서 상대방의 공격을 빗나가게 하고

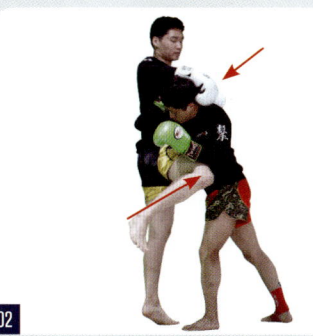

02 상체를 눌러주면서 니킥공격

②

01 상대방이 인스텝하며 팔꿈치를 가격하기 이전에 밀어차기

Technique 006

팔꿈치 Elbow/Sok

(3) 수평, 수직 팔꿈치의 방어 및 반격

팔꿈치를 방어에 사용하는 방법

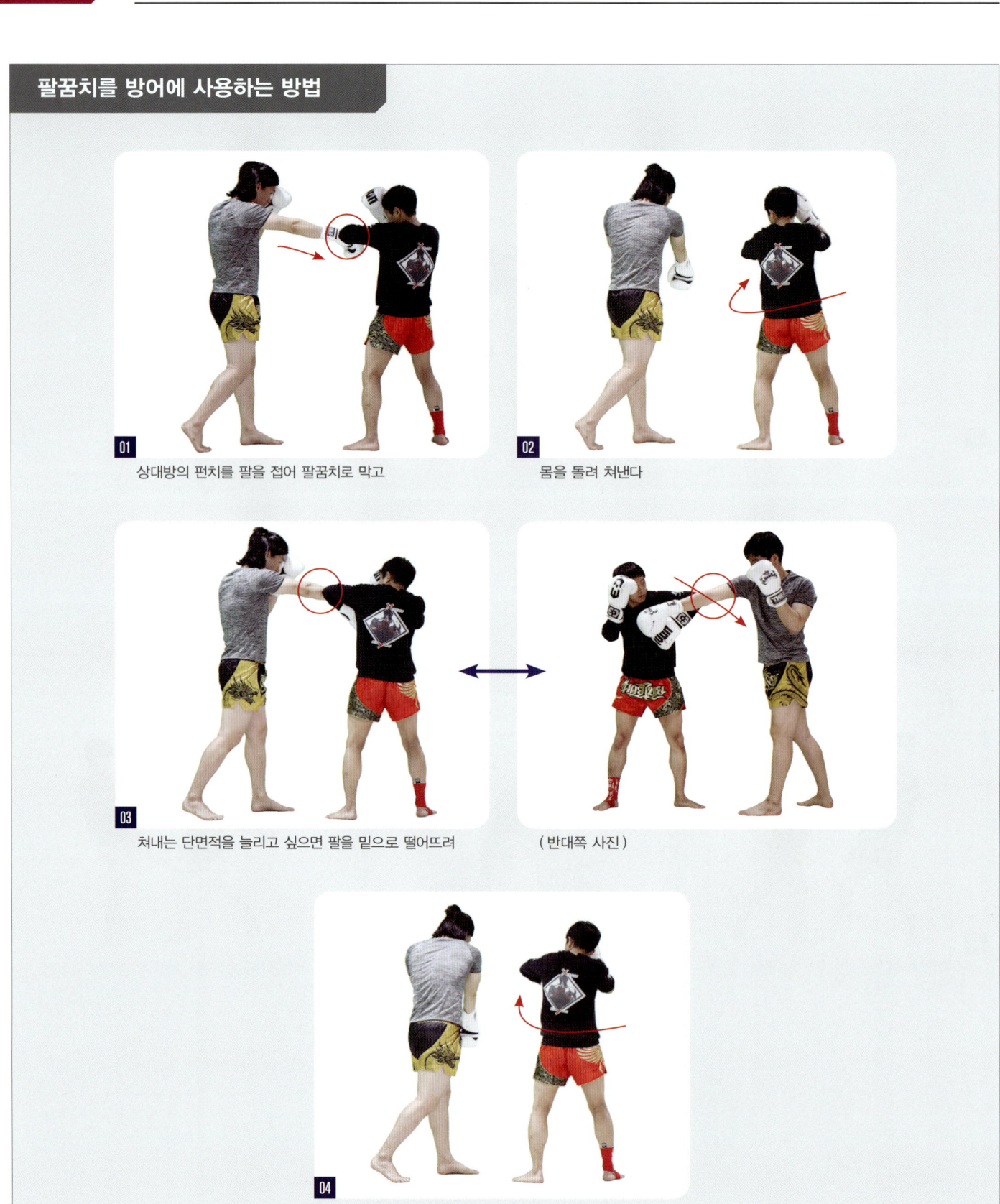

01 상대방의 펀치를 팔을 접어 팔꿈치로 막고

02 몸을 돌려 쳐낸다

03 쳐내는 단면적을 늘리고 싶으면 팔을 밑으로 떨어뜨려

(반대쪽 사진)

04 팔꿈치 주변의 팔뚝으로 쳐낸다.

팔꿈치 Elbow/Sok

(4) 변형 팔꿈치

Technique 006

1) 45° 내려베기 팔꿈치 (Slashing Elbow/Sok Ti)

01 ▸ 기본 자세에서

02 ▸ 팔꿈치를 주먹보다 높이 들어 올린 후

03 ▸ 위에서 밑으로 내려 베듯 팔꿈치 타격을 가한다.

2) 45° 올려치기 팔꿈치 ((Digona/ Elbow/Sok Chieng)

45° 각도로 올려치는 팔꿈치, Sok Hud 와 비슷하지만 각도가 보가 안쪽으로 꺽여있다.

01 ▸ 뒷손 팔꿈치를 쏙치앵으로 올리고 싶다면 주먹을 팔꿈치보다 안으로 보내서 왼쪽눈썹에 위치시킨다.

02 ▸ 허리를 틀어 아래서 위로 올려친다.

* 쓰임 (왼쪽 쏙치앵)

01 왼쪽가드는 오른쪽눈썹에 가까이 위치시킴

02 상대방이 펀치를 휘두를때 휘두르는 팔 안쪽에 왼팔을 위치시키고

03 위를 향해 긋듯이 올려 버린다.

팔꿈치 Elbow/Sok

Technique 006

(4) 변형 팔꿈치

3) 사선방향 내려찍기 팔꿈치 (Chopping Elbow/Sok Sab)

01 ▶ 쏙치앵이 빗나가면

02 ▶ 위로 올렸던 팔꿈치를 그대로 내리면서 찍기 용도로 사용한다. 이마, 코, 턱, 흉골, 쇄골 등을 노려 찍는다.

4) 정면내려찍기 팔꿈치 (Smash Downward Elbow/Sok Tong)

위에서 밑으로 수직으로 내려찍는 팔꿈치 공격, 콧날에 찍어주면 쉽게 골절을 유도할 수 있다.

01 ▶ 상대방이 펀치러쉬를 하면서

02 ▶ 점점 거리를 좁혀올 때

03 ▶ 팔꿈치를 위로 올려 타이밍을 재고

04 ▶ 공격 범위 안에 들어오면 위에서 밑으로 찍어버린다.

Technique 006

* Sok Tong 의 활용

● 킥 캐치 이후 내려 찍는 팔꿈치 기술의 활용

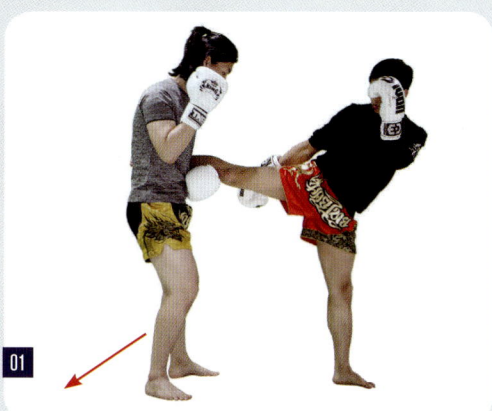

01 사이드스텝을 하면서 킥캐치

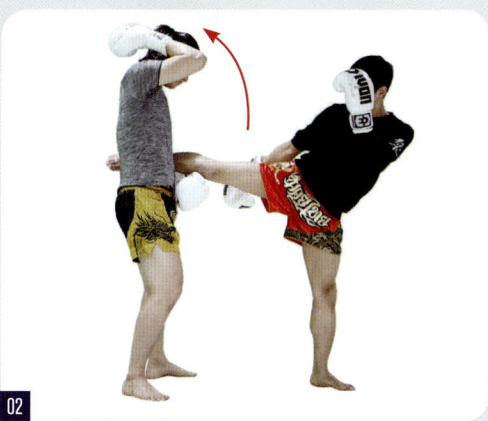

02 팔을 들어올려

03 무릎 바로 아래(정강이 상부) 부분을 수직방향으로 내리 꽂는다.

Technique 006

팔꿈치 Elbow/Sok

(4) 변형 팔꿈치

5) 회전 팔꿈치 (Back Spin Elbow/Sok Klab)

기본) 횡으로 돌려차기

01 ▶ 마주선 자세에서

02 ▶ 발을 대각선 방향 '안쪽' 으로 이동시키고

03 ▶ 뒷발 뒤꿈치를 바닥에서 떼주면서 회전

04 ▶ 허리 회전력을 이용하여 팔꿈치로 상대방을 공격 (공격시 중심은 타킷을 향해 쏠리게 만들어 준다. (뒤로 살짝 눕는 자세)

변형) Back Spin Elbow 의 변형

● 아래 방향 (Downward) 혹은 윗 방향 (Upward)

01 회전하면서 팔꿈치를 위로 올려

02 아래쪽으로 내려찍기 (상대적으로 키가 큰 사람이 작은 사람에게)

03 회전하기 전 주먹보다 팔꿈치를 밑으로 떨어뜨리고

04 회전할 때 아래에서 위로 올려치기 (상대적으로 키가 작은사람이 큰 사람에게)

Technique 006

① 쓰임

01 ▶ 훅공격이 빗나간 이후 (혹은 고의적인 타격 미스 이후)

02 ▶ 그대로 몸을 돌려 팔꿈치로 상대방을 공격 한다 .

② 쓰임

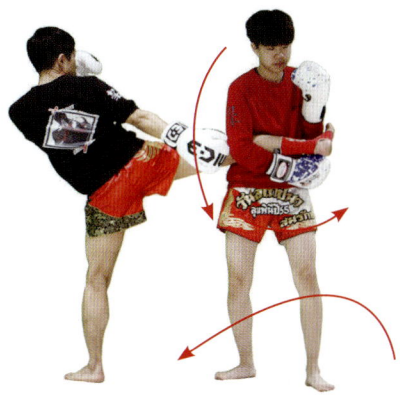

01 ▶ 뒷발 미들킥이 올때 우측턴 (스위치) 스텝 을 하며 위에서 밑으로 팔을 내려 걸면서 킥 캐치

02 ▶ 그대로 몸을 돌려 팔꿈치로 타격을 가한 다 . (반대쪽킥은 반대로생각)

* 주의

타이밍을 잡고 과감하고 민첩하게 공격을 해야하며 그렇지 못할 경우 등뒤를 내어줄 수 있다.

Technique 006

팔꿈치 Elbow/Sok
(4) 변형 팔꿈치

6) 양팔꿈치 내려찍기 (Double Elbow/Sok Ku)

01 ▶ 상대가 연속공격을 하며 거리를 좁혀 올 때

02 ▶ 양팔을 들어 올려

03 ▶ 아랫방향으로 찍어내린다. 정수리 및 안면부를 타킷으로 한다.

쇄골부위를 찍어내려도 좋다

---

* 무에타이는 인사이드포지션 (상대방의 양팔 안으로 들어가 클린치한 상태를 말함) 을 좋아한다.

01 상대방이 바깥쪽에 팔을 둘러놓고 있는 상황이면 안쪽을 차지한 사람이 팔꿈치 공격을 하기 좀더 용이하다.

02 인사이드 Sok Tad

03 인사이드에서의 Sok Hud

Technique
006

 ②

〈 반대 각도 〉

01 ▶ 클린치 상태에서 상대방이 허리를 제압 하고자 하면

02 ▶ 중심을 낮추고 허리를 뒤로 빼, 중심을 빼앗기는 것을 막고

03 ▶ 한쪽 다리를 들어 상대방의 다리 안쪽에 걸어 넣고, 같은쪽 손으로는 머리를 컨트롤, 반대 손은 상대의 골반을 밀어낸다.

상대가 골반을 가까이 할 수 없게 밀어준다.

04 ▶ 밸런스를 최대한 유지한 상태에서 상대방이 로프나 코너쪽으로 밀면

05 ▶ 로프나 코너를 기댄 상황에서 걸려있는 다리에 힘을 주고 점프하여 팔꿈치 내려 찍기 시도 (한쪽 팔꿈치로 공격해도 되고 양쪽 팔꿈치를 모두 사용하여 공격해도 된다.)

* 아웃사이드 포지션 (상대방에게 안쪽공간을 내어준자세) 에서도 팔꿈치 공격은 가능하다.

 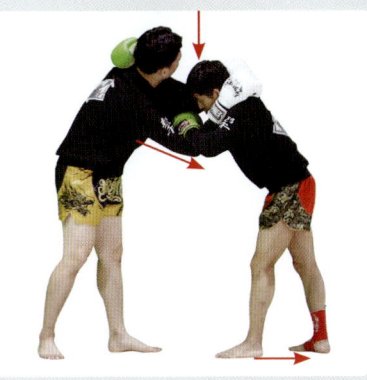 

01 상대방의 바깥쪽에서

02 공격하고자 하는 팔꿈치와 같은 방향의 다리를 뒤로 빼주며 상대방의 팔을 위에서 밑으로 훑어 내려 구부러지게 만든다.

03 공간 사이로 팔꿈치 공격을 집어 넣는다.

팔꿈치 Elbow/Sok

Technique 006

(5) 변형팔꿈치 공격에 대한 반격

① 회전팔꿈치 (Back Spin Elbow/Sok Klab) 에 대한 반격 1

01▸ 상대방을 관찰하다가

02▸ 백스핀 공격 시도시 회전이 다 이루어지기 전에 인스텝하여 Sok Hud 로 공격

03▸ 혹은, 양손으로 힘껏 밀어준다.

04▸ 이후 공격

② 회전팔꿈치 (Back Spin Elbow/Sok Klab) 에 대한 반격 2

01▸ 상대방의 발이 안쪽 대각선 방향으로 이동하면 항상 백스핀 공격에 대한 경계를 해야 한다.

02▸ 공격의 임팩트 지점을 피해 백스웨이

03▸ 이후 중심을 다시 앞으로 실어주고 팔꿈치 공격으로 되돌려 준다.

* 내려찍는 팔꿈치 방어 및 반격

01 양손을 크로스시켜서 내려찍기 공격을 방어해주고

02 팔꿈치를 들어올리느라 비어있는 옆구리에 니킥을 가한다.

무릎 Knee

(1) 무릎의 종류

Technique 007

무릎은 거리가 있는 상태에서 단발성으로도 공격할 수 있지만 클린치 상태에서 몸싸움을 벌이며 (빰) 연속 공격으로도 사용하고 빈틈이 보인다면 팔꿈치, 공격과 혼용할 수 있다. 지금부터는 빰을 섞어서 서술한다.

1) 거리가 떨어져 있는 상태에서의 직선무릎

01▶ 한손은 상대방의 팔 위에 얹고 (Point 1)

02▶ 나머지팔은 안쪽 대각선 방향으로 이동시켜 상대의 뒷목에 얹어놓는다. (Point 2)

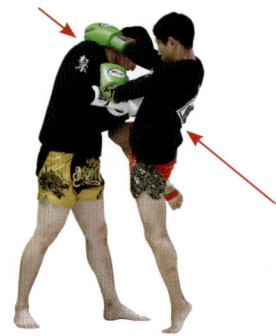

03▶ (Point 1,2)를 밑으로 눌러내리며 뒷목에 얹어 놓은 손과 같은 방향 무릎을 들어올려 상대를 타격한다.
이때 디딤발은 앞축을 대놓은 상태에서 뒤꿈치를 들어 무게가 앞으로 이동할 수 있도록 해준다.

* 피해야 할 자세

상체를 제끼며 턱까지 윗방향으로 들어올린 자세 (뒤로 넘어지기 쉽다)

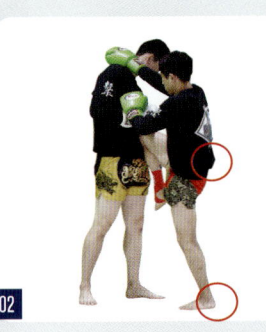

허리와 힙이 들어가지 않고 디딤발의 뒤꿈치가 올려져 있지 않은 자세 (타격시 무게를 실어 데미지를 주는것이 어려워진다.)

① 응용

01▶ 상대방의 킥을 잡고

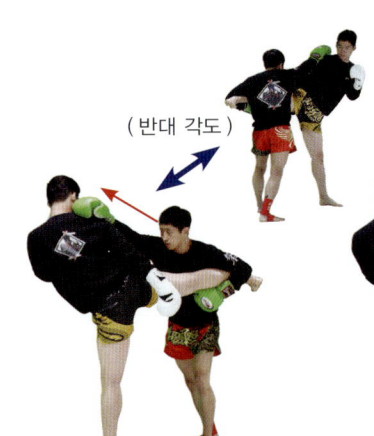

(반대 각도)

02▶ 잡은 손 반대손은 '대각선' 으로 뻗어 상대방의 뒷목을 잡는다.

(반대 각도)

03▶ 이후 손을 끌어 당기며 니킥

04▶ 니킥을 계속해서 가하다, 세게 끌어 당기며 넘어 뜨릴 수 있다.

Technique 007

무릎 Knee

(1) 무릎의 종류

② 응용

01 ▸ 상대방 (뒷손) 스트레이트를 페링해주며 턴 스텝

02 ▸ 이후 상대방의 옆면에서, 한손은 뒷목에 올려주고

03 ▸ 끌어 당겨주며 니킥

③ 응용

01 ▸ 상대방의 잽스트레이트를 페링해 주며 우측 턴스텝

02 ▸ 이후 팔을 대각선으로 뻗어 상대방의 뒷목에 올려놓고

03 ▸ 끌어 당겨주며 니킥

---

* 상대방을 끌어내리는 요령

근육을 경직시켜 놓은 상태에서 지속적인 힘을 주는것이아니라 병따개로 병마개를 제거할때처럼 스피드있고 단발적인 힘을주되 한번에 충분히 끌려 내려오지 않으면 단발적인 힘을 여러번 나누어 사용한다.

2) 클린치 상태에서의 직선무릎

01 ▶ 인사이드에서 양손은 뒷목이 아닌 뒤통수에 포개어 놓는다

02 ▶ 뒷발을 뒤로 보내며 몸의 하중을 밑으로 끌어 내린다고 생각하고 포개 놓은 양손을 밑으로 끌어내린다

03 ▶ 상대방이 밑으로 끌려오면 양손을 끌어당겨 주고 동시에 무릎은 상대방의 복부나 안면을 향해 올려쳐 준다.

3) 대각선무릎 (Diagonal Knee / Kao Chieng)

01 ▶ 무릎 이하가 지면과 45° 각도를 이루는 무릎 찍기기술

4) 수평무릎 (Farewell Knee / Kao Ra)

01 ▶ 무릎 이하가 바닥과 평행하게 완전히 가로로 눕힌 상태에서 가격

5) 점핑무릎 (Jumping Knee Kick / Kao Dot)

01 ▶ 상대방을 로프나 코너쪽으로 밀어붙이고

02 ▶ 추격하면서 점핑 니킥을 날린다.

무릎 Knee

Technique 007

(1) 무릎의 종류

6) 플라잉 니킥 (Flying Knee Kick/Kao Roi)

01 ▶ 상대방을 향해 거리를 좁히며 이동해 주다가

02 ▶ 한쪽 다리는 접어 올린 상태에서 나머지 다리를 이용해 지면을 차주면서 점핑

03 ▶ 공중에서 양발을 교차시켜

04 ▶ 도움닫기를 한쪽 다리로 니킥을 가해준다

7) 상대의 무릎 안쪽 니킥 (Inside Knee Kick/Kao Kratai)

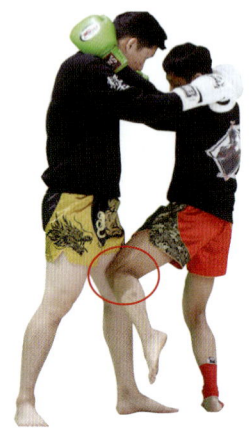 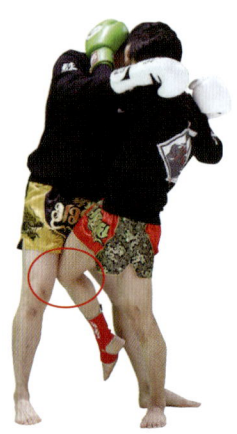 

01 ▶ 상대방과 근접한 거리에서 상대방의 무릎 안쪽을 무릎으로 타격한다.

02 ▶ 반대쪽 무릎 안쪽에도 공격을 가할 수 있다.

03 ▶ 상대방이 데미지를 입고 뒤쪽으로 빠지면 추격하여 직선 무릎으로 공격한다.

8) 무릎 하단 연타

01 ▶ 상대방의 바깥 대퇴부 타격

02 ▶ 안쪽 타격

03 ▶ 반대쪽 바깥 대퇴부 타격

04 ▶ 상대방의 바깥 대퇴부 타격

05 ▶ 추격하여 몸통에 니킥

Technique 007

무릎 Knee
(1) 무릎의 종류

9) 낮은 무릎 (Low Knee Kick/Kao Rot)

01 ▶ 점핑 니킥이나 플라잉 니킥으로 타킷을 맞추지 못하고 착지하게 될 때는

02 ▶ 위에서 밑으로 떨어지는 방향 그대로 무릎의 타격포인트를 낮추어 상대방을 공격한다.

10) 상대방과 붙어있을 때 무릎 공격

01 ▶ 공격하고자하는 무릎쪽에 해당하는 발을 뒤로 빼서

02 ▶ 무릎을 들어 올린 후

03 ▶ 위에서 밑으로 깎아내리듯 상대방의 옆구리를 찍는다.

무릎 Knee

(2) 무릎으로 펀처 상대하기

Technique 007

1) 니킥으로 받아치기

01 ▶ 상대방이 펀치를 휘두를 때 원암 불록을 하며 상대방의 안쪽으로 파고든다.

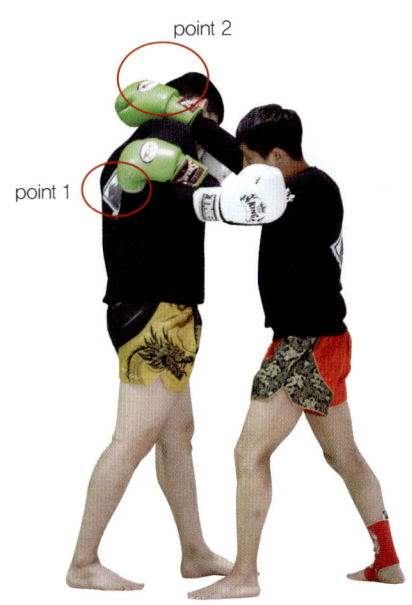

02 ▶ 손을 내려 한쪽 손으로는 상대방의 팔을 잡고, 나머지손은 대각선으로 뻗어 상대방의 뒷목을 잡는다.

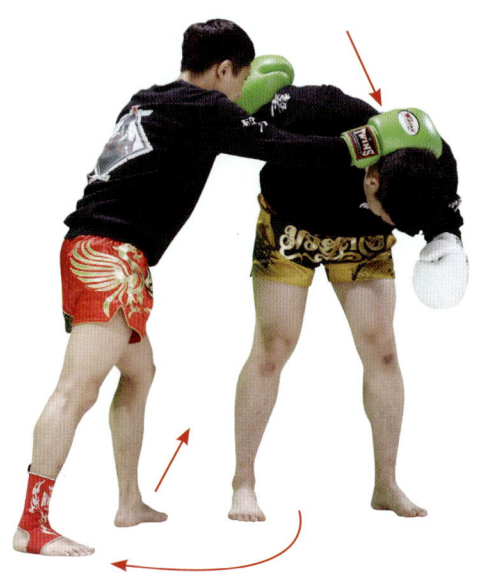

03 ▶ 좌측턴 스텝을 하는 동시에, 뒷목에 얹어 놓았던 손을 밑으로 당기고

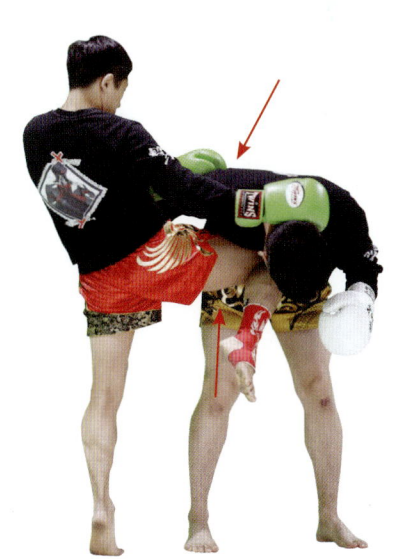

04 ▶ 끌려져 내려온 상대방에게 니킥을 가한다.

무릎 Knee

Technique 007

(2) 무릎으로 펀처 상대하기

2) 넘어 뜨리기 (Sweep)

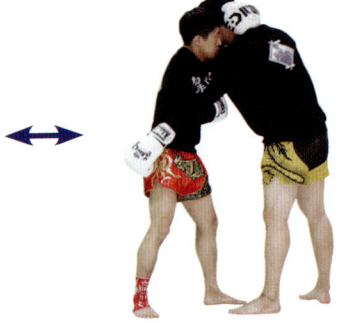

(반대각도)

01 ▶ 펀치를 쓰는 상대방에게 블록을 하고 안쪽으로 들어가서 클린치 상황을 만든다.

02 ▶ 클린치 상황에서 이마를 이용해 상대방의 턱, 그외의 안면부를 눌러 주면서 고통을 가해주거나 뒤로 중심을 제끼게 만들어 줄수있다.

03 ▶ 한팔은 상대방의 목뒤에 휘둘러주고 나머지 팔은 위에서 아래로 상대방의 다른 팔을 휘감아 봉쇄시킨다.

세가지 힘의 작용은 같은 타이밍에 -
① 사이드스텝 이동
② 뒷목에 두른손 당기기
③ 다리 안쪽 '툭' 건드리기
④ 위에서 아래로 팔걸어 꽉 잡고 있기

04 ▶ 우측사이드 스텝으로 이동하는 동시에 목뒤에 둘렀던 팔을 돌려주면서 상대방의 다리 안쪽을 쳐준다.

(반대 각도)

05 ▶ 타이밍이 잘 맞아떨어지면 상대방을 깔끔하게 스윕시킬 수 있다.

Technique 007

*넘어뜨리는 동작이 실패하였다면…

①

01 ▶ 상대방의 옆으로 돌아가서 위에서 밑으로 휘감았던 팔을 이용하여 팔꿈치 타격을 먹인다.

(반대각도)

②

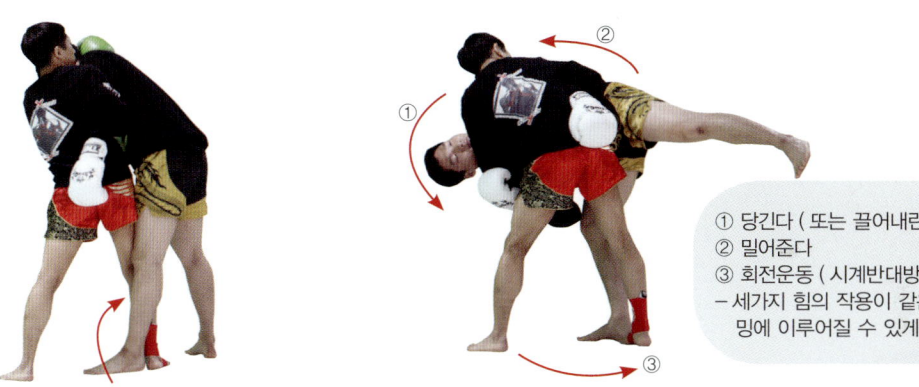

01 ▶ 휘감고 있는팔과 같은쪽 다리를 상대방의 다리안쪽에 넣어 준 상태에서

02 ▶ 목에 둘러있는 팔은 잡아당기고 팔위에 휘감은 팔은 밀어주며 바깥쪽 다리는 시계반대방향으로 회전시키며 상대방을 넘어뜨린다.

① 당긴다 (또는 끌어내린다)
② 밀어준다
③ 회전운동 (시계반대방향)
- 세가지 힘의 작용이 같은 타이밍에 이루어질 수 있게 한다.

〈 반대방향 스윕 〉

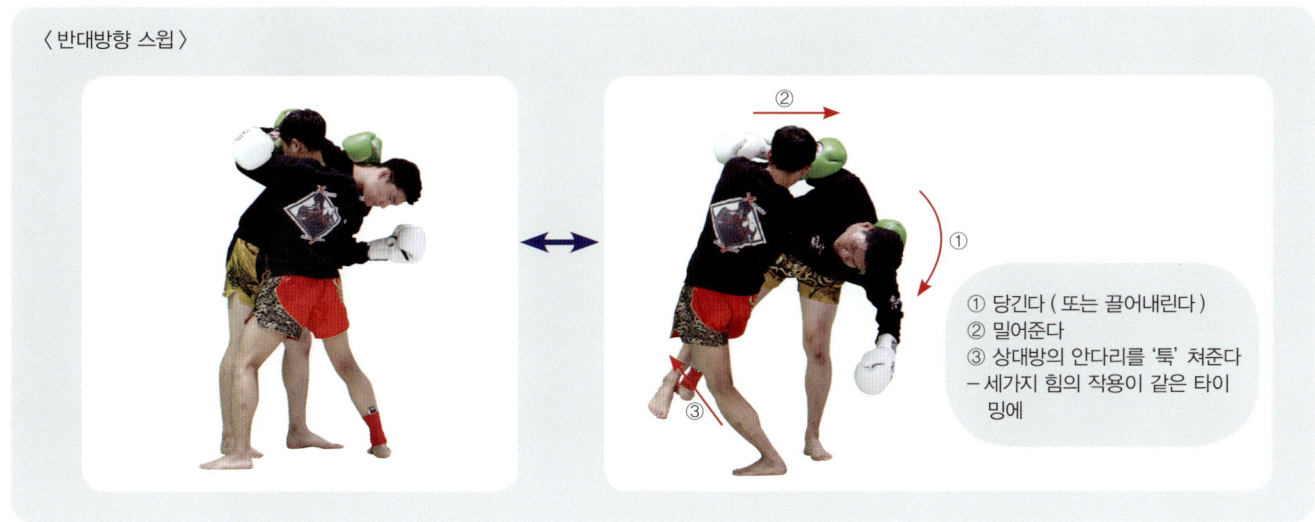

① 당긴다 (또는 끌어내린다)
② 밀어준다
③ 상대방의 안다리를 '툭' 쳐준다
- 세가지 힘의 작용이 같은 타이밍에

Technique 007

무릎 Knee
(2) 무릎으로 펀처 상대하기

3) 넘어뜨린 이후 관절기 (무어이보란 테크닉)

01 ▶ 상대방이 주먹을 휘두를 때 암블록 해주며 들어가서 클린치를 한다.

02 ▶ 막았던 손은 상대방 팔위에 얹어놓고 잡아준다. 나머지 손은 대각선으로 뻗어 뒷목을 잡는다.

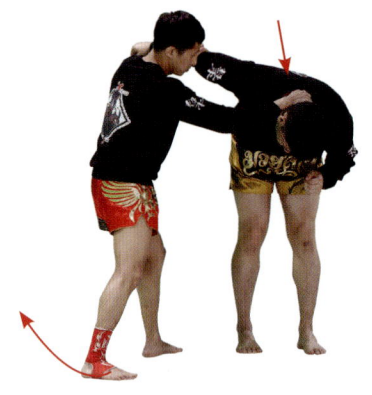

03 ▶ 상대를 끌어내리며 동시에 뒷발은 시계방향으로 이동, 동작을 반복하며 상대를 세게 돌린다.

04 ▶ 상대가 지면에 손을 짚으며 넘어지면, 그립을 위로 올려 팔목을 잡고

05 ▶ 상대방의 겨드랑이 사이로 공간이 최대한 벌어지지않게 다리를 집어넣어주며, 집어 넣은 다리로 땅을 짚고있는 상대방의 팔을 짓밟아 준다 (짓누른 상태 유지)

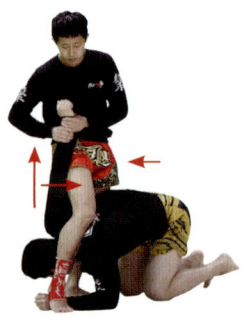

06 ▶ 양쪽 허벅지 안쪽에 힘을 주어 상대방의 상체를 압박하고 팔은 위로 들어올려 세로로 일자를 만들어 준다.

07 ▶ 이후 상대방의 손을 돌려서 꺾어 버린다.

* 무어이보란 테크닉은 시합용 기술이 아님을 다시 한 번 밝힙니다 .(무에타이 시합에서 관절기를 쓰는것은 반칙행위입니다)

무릎 Knee

(3) 무릎의 방어

Technique 007

1) 떨어진 거리에서 무릎으로 공격해 들어올 때

①

01 ▶ 우측 무릎이면 사이드 스텝하며, 무릎옆에 손을 대주고 당긴다.

02 ▶ 한쪽은 목 바깥에 둘러놓은 상태에서 밀어준다

(다른각도)

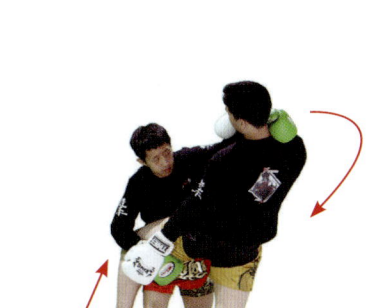

03 ▶ 좌측 무릎이면 좌측사이드 스텝하며 무릎옆에 손을 대고 당긴다.

04 ▶ 한쪽은 목 바깥에 둘러놓은 상태에서 밀어준다

05 ▶ 밀어주고 당겨주는 타이밍이 잘맞으면 상대방을 넘어 뜨릴수 있다.

151

무릎 Knee
(3) 무릎의 방어

②

 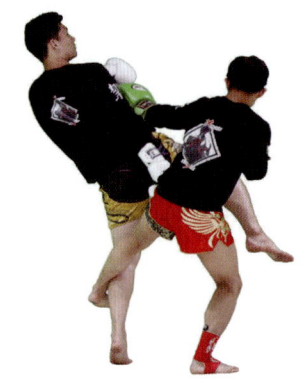 

01 ▶ 사이드스텝을 하면서 상대방의 무릎을 안쪽으로 페링

02 ▶ 페링이후 옆으로 돌아가서 바깥쪽 디딤발에 스윕

03 ▶ 페링이후 옆으로 돌아가 상대방의 바깥에서 팔꿈치 공격

③

 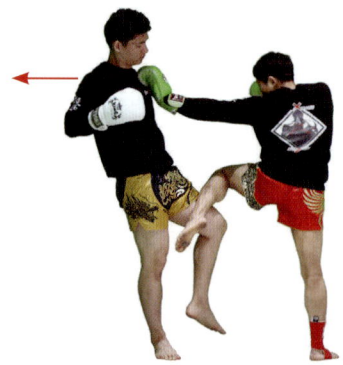

01 ▶ 상대방이 니킥을 시도할 때 가슴을 밀어 붙인다

02 ▶ 팔과 다리를 이용해서 상대를 뒤로 밀어낸다

④

01 ▶ 사이드스텝으로 이동하면서 무릎옆을 낚아채고 (위에서 밑으로 걸어준다)

02 ▶ 그대로 이동하며 디딤발쪽에 로우킥 공격

Technique
007

⑤

01 ▶ '후방' 사이드 스텝으로 이동하며 아래에서 위로 팔을 걸어 무릎옆을 낚아채고

02 ▶ 손으로 상대방의 상체를 뒤로 밀어내며 디딤발에 로우킥

⑥

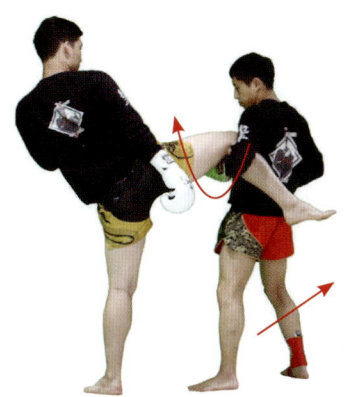

01 ▶ 사이드 스텝을 해주며 위에서 밑으로 무릎옆부분을 낚아서 걸어주고

02 ▶ 손을 대각선 방향으로 뻗어 잡아당기며 니킥

(반대각도)

⑦

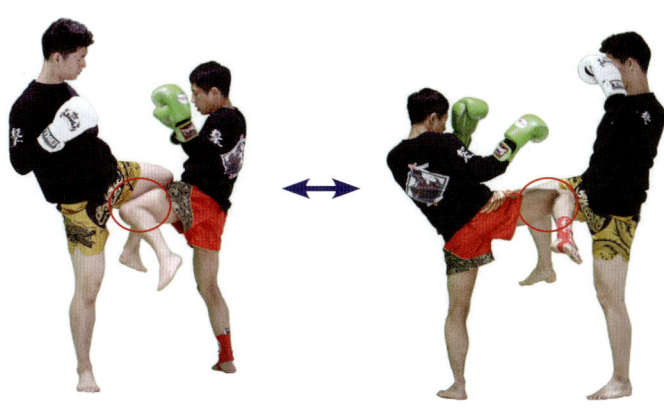

01 ▶ 상대방이 킥 시도시 안쪽 허벅지에 니킥

(반대각도)

02 ▶ 이후 팔꿈치로 받아친다.

153

Technique 007

무릎 Knee
(3) 무릎의 방어

2) 붙어있는 상태에서 무릎으로 공격해 들어올 때

①

01 ▶ 상대방의 허벅지 안쪽을 팔꿈치로 내려친다.   **02 ▶** (반대각도)

②

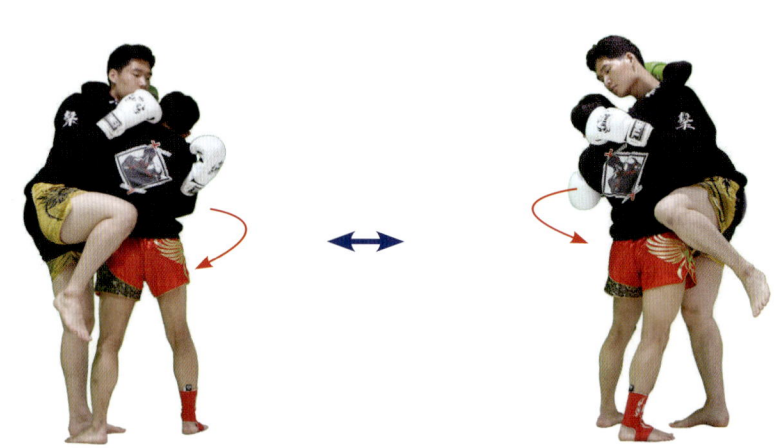

01 ▶ 옆구리 임팩트 지점을 피해서 안쪽으로 몸을 틀어준다   **02 ▶** (반대쪽도 동일)* 과도하게 턴을 시켜서 등을 내주지 않도록 한다.

③

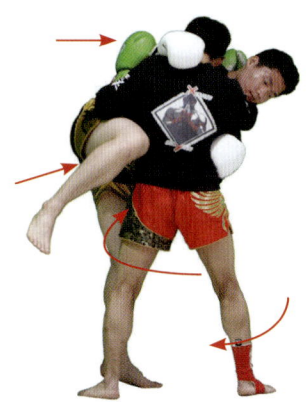 

01 ▶ 오른쪽 무릎공격을 해올 경우 공격방향과 반대로 상대를 돌린다.   **02 ▶** 왼쪽무릎으로 공격해 올 경우 마찬가지로 공격방향과 반대로 상대방을 돌린다 〈 타이밍이 잘 맞으면 스윕을 시킬 수 있다 〉

Technique
007

④

01 ▶ 오른쪽 무릎 공격이 들어올 때 임팩트 지점을 피해 상대방을 공격방향과 같은 쪽으로 잡아당기고

02 ▶ 민첩하게 니킥으로 반격

03 ▶ 반대쪽 역시 공격방향과 같은 쪽으로 상대방을 돌려 임팩트 지점을 피해주고 재빨리 니킥으로 반격

⑤
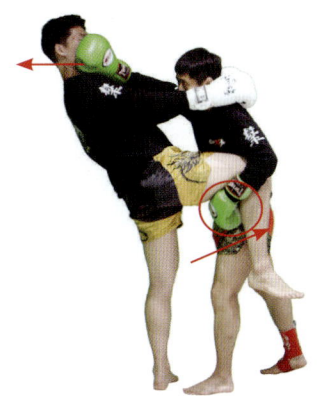

01 ▶ 상대방이 무릎 공격시 한 손으로는 공격하는쪽 오금을 낚아채고 나머지 손으로는 얼굴을 강하게 뒤로 밀어준다.

⑥

01 ▶ 상대방이 무릎 공격시 디딤발을 슬쩍 밀어주면서 반대쪽으로 상대방을 제낀다.

⑦
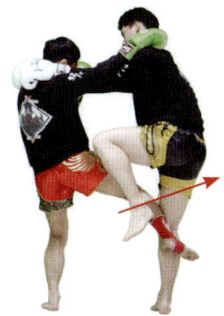

01 ▶ 디딤발을 로우킥으로 쓸어찰 수 있다.(무릎공격을 하려고 들어올린 다리밑으로 통과시켜주면서 쓸어찬다.)

⑧
 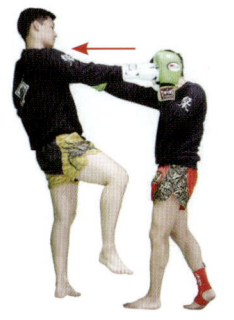 

01 ▶ 상대방의 허벅다리 밑에서 니킥을 위로 올려 차주면서 가슴을 강하게 떠민다.

02 ▶ 반대방향의 발은 뒤축을 위로 띄우며 중심을 앞으로 쏠리게 하며 상대방을 거세게 떠민다.

03 ▶ 이후 하이킥

Technique 008 뺨테크닉

1) 기본 (클린치 안쪽 공간 차지하기)

01 ▶ 안쪽 클린치를 빼앗긴 경우

02 ▶ 몸을 틀면서 팔을 상대방의 팔 밖에서 안쪽으로 집어 넣어주고

03 ▶ 상대방의 뒤통수에 둘러준다.

04 ▶ 다시 몸을 틀면서 반대쪽 팔도 밖에서 안쪽으로 집어넣어

05 ▶ 안쪽 포지션으로 들어간다.

06 ▶ 인사이드를 차지하고 난 이후 한 발은 상대방의 밖으로 보내주고

07 ▶ 나머지 발을 회전시키는 동시에 상대방의 상체를 끌어내리고

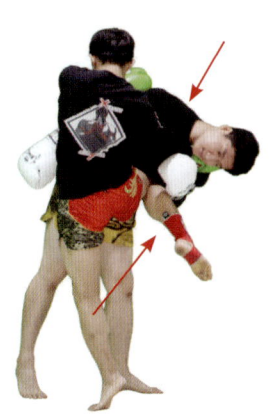

08 ▶ 중심을 잃은 상대에게 니킥을 가격할 수 있다.

Technique 008

2) 클린치 바깥에서 상대방 제압하기

01 ▶ 아웃사이드 포지션에서

02 ▶ 팔을 들어올려 상대방의 팔을 턱과 어깨사이 공간에 끼워넣고

03 ▶ 상대방의 목뒤로 깊이 둘러서 상대방의 팔을 안쪽으로 말려들어가게 한다. (상대방의 팔은 접혀져 있는 상태에서 안으로 말려 들어가야 힘을 못쓰게 된다)

04 ▶ 이후 손목끼리 맞대어 강하게 움켜쥐며 당긴다.

05 ▶ 상대방의 팔이 말려들어가 힘을 쓸 수 없는 쪽다리, 뒤쪽으로 다리를 보내

06 ▶ 밖에서 안쪽으로 다리를 차주며 동시에 상체는 반대방향으로 돌린다. 상대방의 스윕 유도 가능

Technique 008 — 빰테크닉

3) Arm Lever

① Arm Lever1(Up to down)

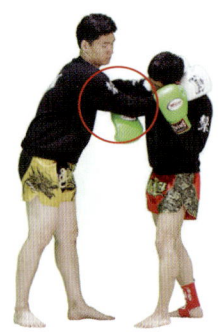   

01 ▶ 상대방의 팔 사이로 위에서 밑으로 찔러 넣듯 집어넣는다. 손등으로 팔꿈치 부분을 받쳐서

02 ▶ 위로 들어올려 공간을 만들어 주고

03 ▶ 공간 속으로 한 팔을 넣고(이때 상체는 살짝 사선으로 만들어 둔다)

04 ▶ 나머지 팔을 넣어 다시 인사이드 포지션 확보

② Arm Lever2(Down to Up)

01 ▶ 밖에서 안으로 (아래방향에서 위로 찔러 넣듯) 팔을 집어넣어 팔꿈치로 상대방의 팔꿈치를

02 ▶ 위로 들어올려 공간을 확보한뒤

03 ▶ 나머지 손 또한 안쪽 공간으로 집어넣어

04 ▶ 다시인사이드 포지션을 확보

Technique 008

4) 상대방 팔을 아래에서 위로 들어올리면서 등뒤 빼앗기

①

01 ▶ 밖에 있는 팔은 겨드랑이를 파서 아래에서 들어 올려주고, 안에 있는 팔은 상대방의 목뒤에 감아 놓는다.

02 ▶ 손목끼리 꽉 눌러 준 다음, 몸을 앞으로 숙여준다. 안쪽에 있는 팔로 상대방의 경동맥을 압박해주고, 이마로 상대방의 턱을 강하게 민다.

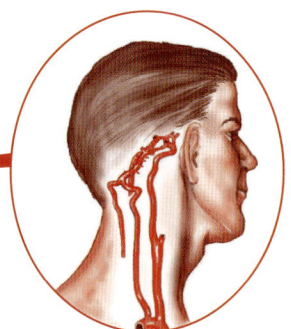

경동맥

②

01 ▶ 오른팔이 밖에 있고, 왼팔이 상대방의 안에 있는 경우

02 ▶ 오른발을 상대방의 앞발 뒤로 가져가며 오른팔로 팔꿈치부분을 대주고

03 ▶ 한순간에 위로 들어 올린다.

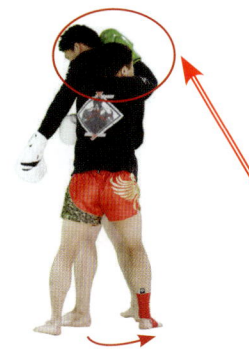

04 ▶ 열려진 공간 사이로 돌아가서 양손목을 조여주며 상대방의 경동맥을 조인다.

손목끼리 맞잡아준 후 당기면서 압박을 가한다.

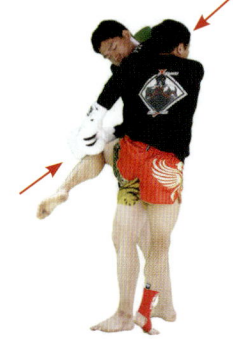

05 ▶ 이후 니킥으로 타격

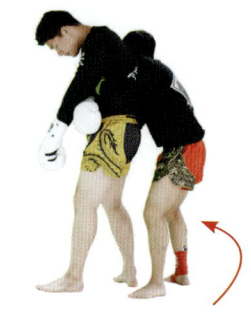

06 ▶ 혹은 상대방의 밖으로 완전히 돌아갈 수 있다.

Technique 008 빰테크닉

5) Knee Bomb (클린치 상태에서의 던지기 기술)

01 ▶ 왼손은 상대방 바깥, 오른손은 상대방의 안.

02 ▶ 바깥에 있는 손은 상대방의 옆구리에 위치시키고, 나머지 손은 목뒤를 휘감아 놓는다.

03 ▶ 상대방을 당기기 이전에 밀어준다. 대개의 상대방은 밀리지 않으려 반대쪽으로 힘을 준다.

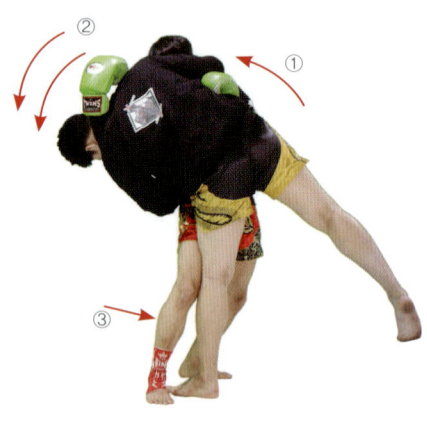

04 ▶ 상대방이 버티는 힘이 느껴지면 그때, 상대방의 힘에 맞추어 강하게 잡아당긴다.

① 옆구리에 댄 손은 밀어준다 (Push)
② 목뒤에 휘감은 손은 상대방의 힘 방향과 맞추어 끌어 내린다 (Pull)
③ 상대방의 무릎옆을 바깥에서 안 쪽으로 살짝건드려준다.

위의 3 가지 동작이 모두 한타이밍에 이루어 질수 있도록 해준다

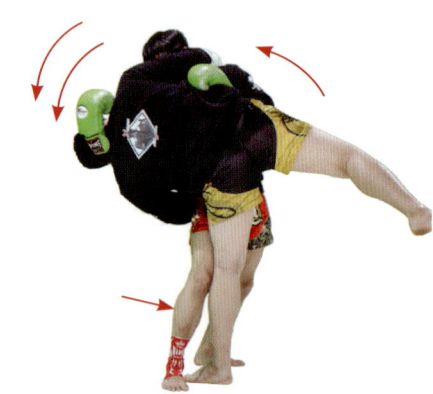

05 ▶ 제대로 된 타이밍에 기술이 걸렸다면 상대방은 무릎으로 걸린 반대 다리를 공중으로 쳐들며 뒤로 넘어지게된다.

* 상대방이 밸런스가 좋아 던지기를 실패한 경우

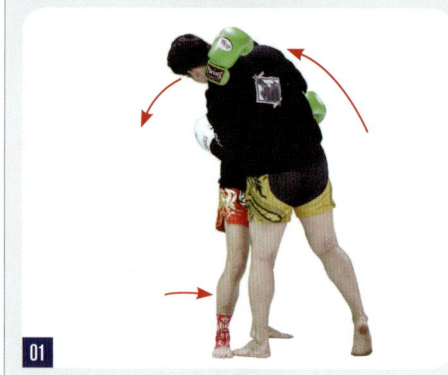

01 던져지진 않았어도 중심이 흐트러진 틈을 타서

02 팔꿈치 공격

03 혹은 무릎찍기로 흐름을 이어 나간다.

Technique 008

5-1) Knee Bomb 카운터 치기

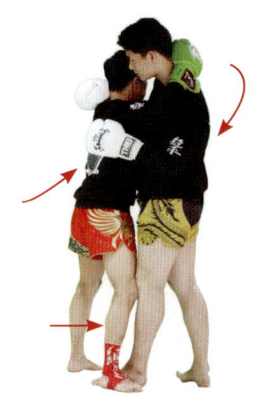

01 ▶ 상대방이 던지기 기술 시도시

02 ▶ 한손은 상대방이 쳐주는 무릎뒤쪽에 놓고 나머지 손은 목옆에 놓아준다음

03 ▶ 오금은 끌어 당기고 목은 밀어 버린다. 상대방은 본인의 힘에 의해 역으로 뒤로 나가 떨어지게 된다.

* 밀고 (Push) 당기는 (Pull) 원리 (밀고 싶으면 당기고 당기고 싶으면 밀어라)

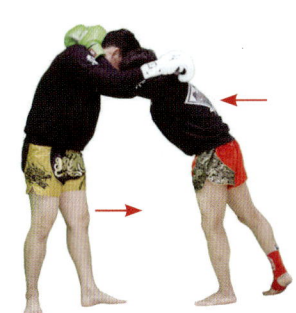

01 ▶ 인사이드 점유시 상대방을 당기고 싶으면 먼저 민다. 상대방은 반대방향으로 버틴다

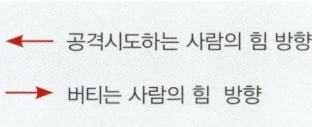

← 공격시도하는 사람의 힘 방향
→ 버티는 사람의 힘 방향

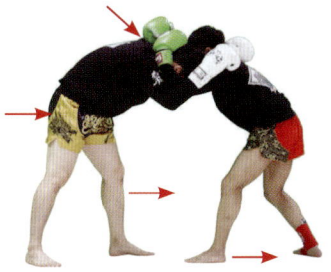

02 ▶ 이후 상대방의 힘의 방향에 맞추어 뒤로 백스텝하며 상대방을 당겨오고

03 ▶ 끌려온 상대방의 복부나 안면에 니킥

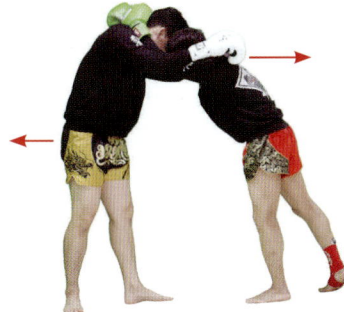

04 ▶ 밀고 싶으면 먼저당긴다. 대개 상대방은 반대방향으로 버틴다

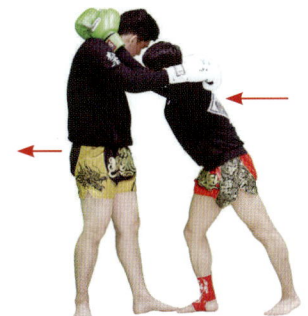

05 ▶ 상대의 힘 방향에 맞추어 앞으로 상대를 밀어주고

06 ▶ 쫓아가면서 니킥

07 ▶ 혹은 쫓아갈 때의 가속도를 이용 점핑 니킥

Technique 008 뺨테크닉

*한손을 이용해서라도 밀고 당기는 원리를 이용하면 니킥이 가능하다

실전 상황에서의 Self Defense

01 ▶ 대치 상태에서

02 ▶ 휘두르는 주먹을 원암블록으로 방어

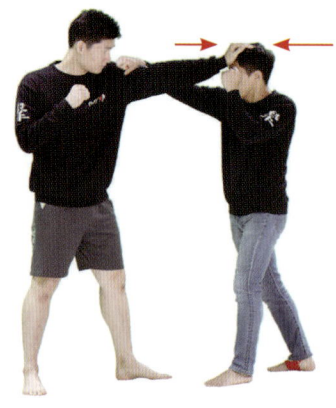

03 ▶ 이후 손을 뻗어 상대방의 이마 혹은 안면 부위를 강하게 밀어준다. 상대방은 밀리지 않으려 힘을 준다.

04 ▶ 상대방의 이마에서 뒤통수로 쓸듯이 손을 넘겨

05 ▶ 상대방의 뒷머리를 손가락으로 움켜쥐고 순식간에 끌어내리면서 무릎을 올려 타격을 가한다.

Technique
008

6) Double Hand Cross

01 ▶ 아웃 사이드 포지션에서

02 ▶ 밖에서 안쪽을향해 상대방의 얼굴이나 턱을 손바닥으로 밀어내고

03 ▶ 나머지 손도 들어 올려 얼굴이나 턱부위를 밀어준다.

04 ▶ 바깥에서 안쪽으로 'X' 모양이 만들어지면 그 상태로 상대의 턱을 강하게 뒤로 밀어내며 니킥을 가한다.

6-1) Double Hand Cross Break

01 ▶ 한손은 X-Cross 한팔의 안쪽을 잡아주고

02 ▶ 반대손은 상대방의 팔아래로 빼내어 (팔 아래로 빠져 나갈 수 없다면 이 과정은 생략한다)

03 ▶ 상대방의 뒤통수에 놓고

04 ▶ 상체를 끌어 내려주면서, 좌측으로 돌아주고

05 ▶ 이후 니킥

Technique 008 빰테크닉

7) 그 밖의 상황에 따른 대처법

(1) 상대방의 클린치가 단단하여 도저히 풀어낼 수가 없는 경우

01 ▶ 상대방의 허리뒤로 팔을 두른다 이때 아래서 위로 상대방의 팔을 계속 압박하여 들어올린다.

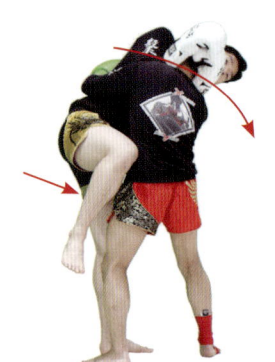

02 ▶ 니킥이 오는 타이밍을 포착하여 역방향으로 상대방을 돌려버린다

(아래에서 위로 들어올리는 힘이 없는 경우)

03 ▶ 상대방이 손쉽게 위에서 팔을 내리누르고

04 ▶ 팔꿈치 공격을 할 수 있다.

(2) 바깥 아래에서 위로 팔을 들어올리는 상대를 콘트롤 해주는방법

01 ▶ 상대방의 힘을 거스르지 말고 순간적으로 더높이 들어올려

02 ▶ 위에서 밑으로 팔을 걸어

03 ▶ 상대방의 양팔을 봉쇄한다.

(3) 제로거리가 되기 이전에 무릎으로 상대방 밀어내기 (Knee Thrust)

01 ▶ 제로 거리로 붙기 이전에 무릎을 들어올려

02 ▶ 상대방을 향해 직선방향으로 밀어 넣어주며 상대방의 상체를 끌어 내려온다

03 ▶ 끌려져 내려온 상대의 복부에 니킥을 가한다. (막고 있던 쪽과 반대쪽 다리로)

01 ▶ 상대방의 복부를 무릎으로 눌러주고 무릎 이하 다리는 상대방 허벅지쪽으로 늘어뜨려 대각선 라인을 만든다

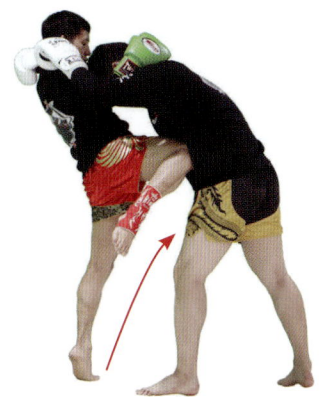

02 ▶ 다리를 계속해서 들어올리고 있으면 피로해 지므로 바닥에 내려 놓았다가 공격으로 연결해 준다. (막고 있던 쪽과 동일한 쪽의 다리로 니킥을 하는 경우) / 막고 있던 쪽과 반대쪽으로 니킥 가능.

03 ▶ 무릎 이하가 대각선 라인이 아니고 바닥과 평행 라인이라면, 상대방이 손으로 캐치하기 쉽다.

Technique 008 빰테크닉

(4) 무릎으로 밀쳐내는 상대방 밸런스 무너뜨리기 1 (Push and Pull)

01 ▶ 상대방의 Knee Thrust 앞발은 견제 당해서 앞으로 나가기 힘든 상태

02 ▶ 상대적으로 움직임을 내기 쉬운 반대발을 일보 전진시키며 상대의 오금 부분을 잡고

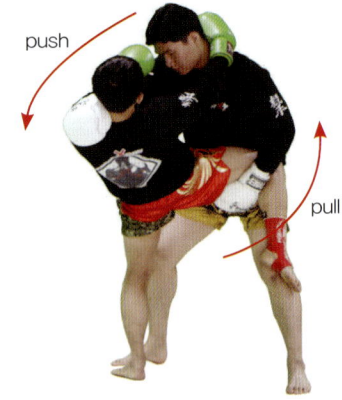
03 ▶ 오금 부위는 잡아 당기며, 상체는 반대방향으로 밀쳐버 린다.

* 상대방의 무릎 위쪽을 밀어버리고 상체는 당겨버리는 역순도 괜찮다.

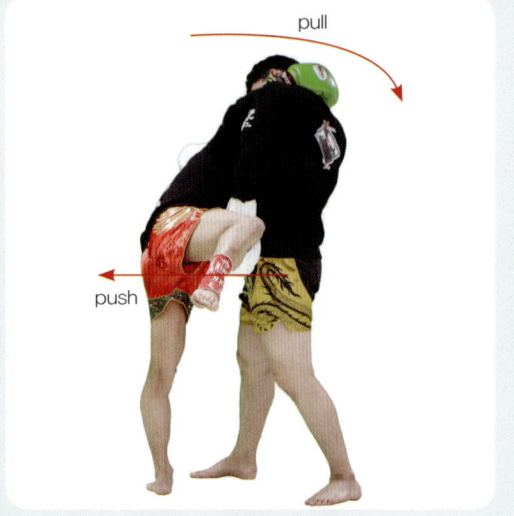

밀고 당기는 원리는 무에타이 클린치 전반부에 걸쳐 많이 적용된다.

Technique 008

(5) 무릎으로 밀쳐내는 상대방 밸런스 무너뜨리기 2 (Step Back)

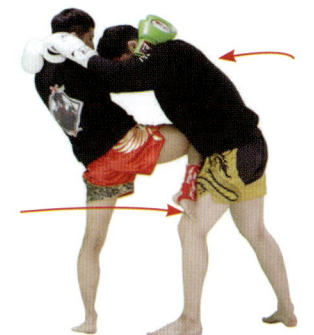  

01 ▸ 앞으로 밀어주다가

02 ▸ 뒤로 갑자기 빠지면서, 상대방의 오금에 손을 얹어 그대로 당겨버린다.

03 ▸ 무릎방어가 깨지고 밸런스가 앞으로 쏠린 상대방에게 펀치 카운터

(6) Clinch Combination

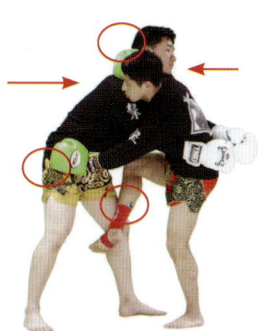   

01 ▸ 허리를 제압하지 못하게 뒤로 엉덩이 뺀 자세에서 안쪽다리, 골반, 상체 콘트롤

02 ▸ 안쪽에서 콘트롤 해주다가

03 ▸ 무릎 이하를 바깥쪽으로 보내서

04 ▸ Knee Thrust 로 연결시킬 수 있다.

Technique 008

빰테크닉

(7) 기타 Clinch Throw (클린치상태에서 던지기)

①

01 ▶ 상대방의 허리를 감아 끌어오는 동시에 한 발은 상대방의 발 옆에 위치시킨다.

02 ▶ 상대방을 들어올려 다리를 갖다 대놓은 쪽으로 팽게친다

②

01 ▶ 상대방의 허리를 감아 끌어오면서 한발은 상대방의 뒤에 위치시킨다.

02 ▶ 이후 상대를 뒤로 강하게 밀친다.

* 주의사항 (상대방과 골반을 가까이 밀착시키지못한 상태에서는 들어올려 던지기가 불가능하다.)

③

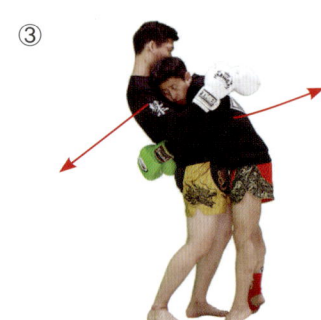

01 ▶ 허리를 제압하고 당긴다. 동시에 중심을 위로 살짝 띄우면서 상체로 상대방의 가슴을 밀어 버린다.

④

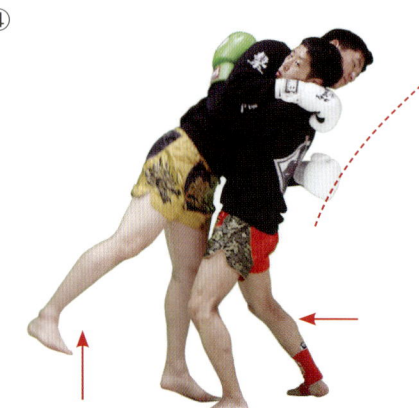  

01 ▶ 허리를 감싸안고 골반끼리 가까이 붙여준 후 상체를 활시위를 당길때의 화살대처럼 뒤로 제껴 요추의 전만 상태를 만들어 준다.(Arch Backward)

02 ▶ 요추전만을 유지하고 하체와 허리힘을 이용해 상대방을 위로 들어올린다.(Lift)

03 ▶ 공중에서 방향을 바꿔, 좌측이나 우측으로 팽게쳐버린다.

Technique 008

(8) 허리를 제압하는 상대방에 대한 대처

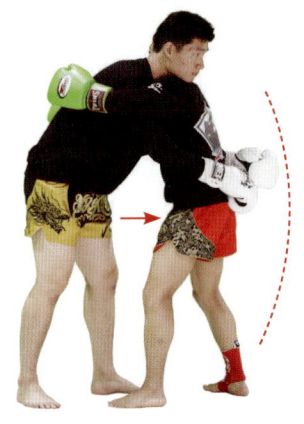

01 ▶ 골반을 가까이 붙지 않게 힙을 뒤로 빼며 요추 후만 자세유지

02 ▶ 한팔은 밑으로 내렸다가 상대방의 머리뒤쪽으로 들어올린다.(이때 상대가 등을 타고 돌아 뒤를 빼앗지 않도록 주의를 기울인다.)

03 ▶ 위에서 밑으로 올가미로 얽듯이 상대방의 목을 둘러잡고

04 ▶ 둘러놓은 팔과 같은 방향의 발을 턴 시키면서, 상대방의 상체를 밑으로 강하게 끌어내린다.

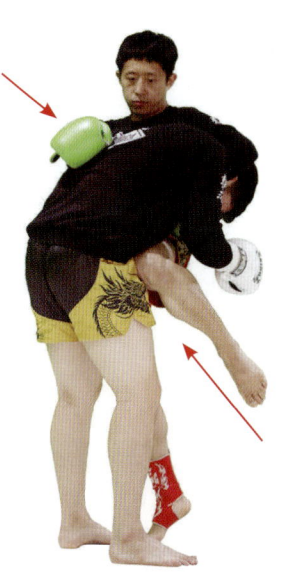

05 ▶ 이후 상대방 상체를 끌어 내리며 니킥

부록: 선수용 붕대 감는 방법

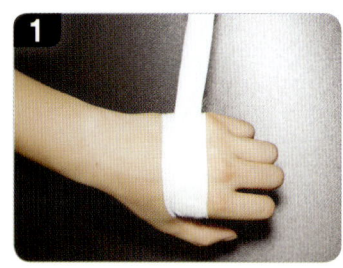

1. 주먹뼈 위쪽으로 2.5cm 되는 부분을 반창고로 2~3 회 테이핑 해줍니다.
주먹뼈 바로 위에 감아서 딱딱하게 하지 않아야 합니다.
테이핑 해줄 때 선수는 주먹을 살포시 쥐어주어야 합니다.

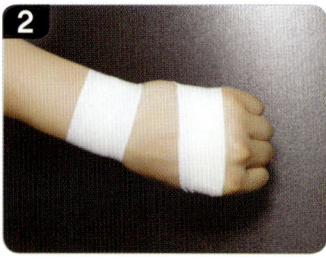

2. 밑으로 내려가서 손목에도 2~3 회 테이핑을 해줍니다.

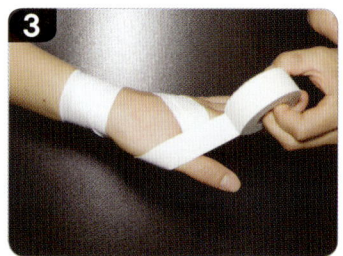

3. 엄지쪽도 부상이 많이 일어나는 곳이기 때문에 주변을 반창고로 잘 둘러줍니다.

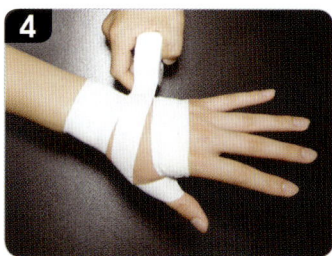

4. 2 회정도 테이핑 해줍니다.

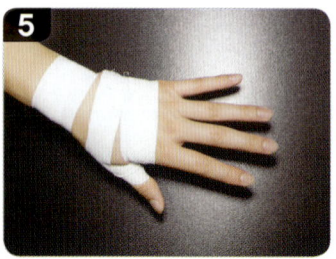

5. 시합용 붕대 매기 이전의 세팅 완성

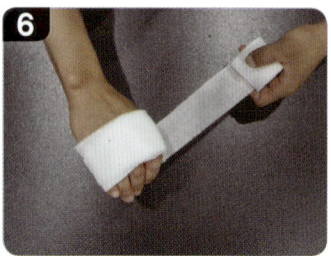

6. 시합용 붕대를 꺼내어 주먹에 8~9 회정도 둘러줍니다.

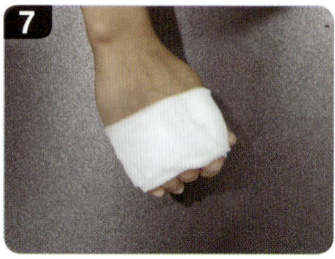

7. 붕대를 재단합니다. 주먹뼈 위에 대어서 주먹을 보호하는 쿠션용으로 사용하게 됩니다.

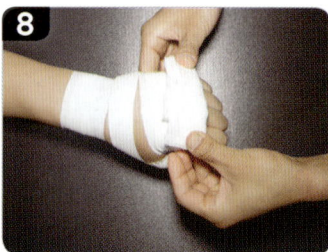

8. 반으로 접어서 주먹뼈 위에 올려 놓고

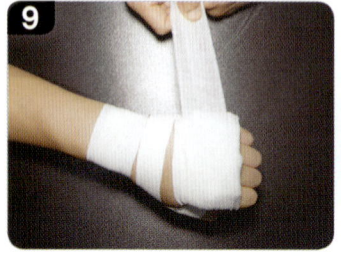

9. 붕대로 그 위를 둘러줍니다.

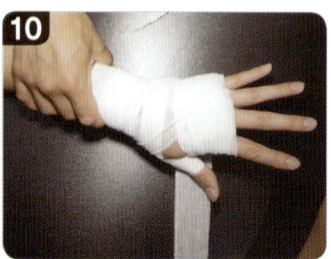

10. 손가락을 펼쳐 손가락 사이 공간에 집어넣고 엄지 . 검지 사이 공간으로 나오게 한다음

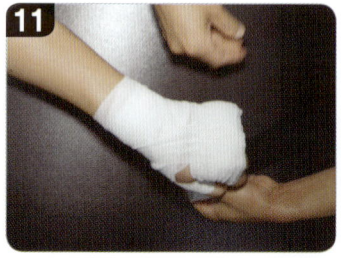

11. 너클 파트 위에 살포시 올려 둘러주고 손목으로 내려갔다가 (손등 위에서 붕대를 돌려줄 때 선수는 주먹을 지그시 쥐어 줍니다)

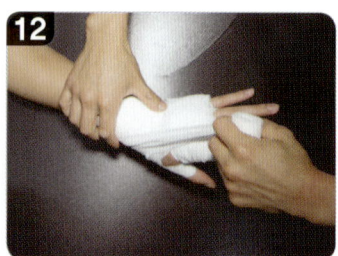

12. 같은 방법으로 나머지 손가락 사이 공간에 붕대를 돌려줍니다.

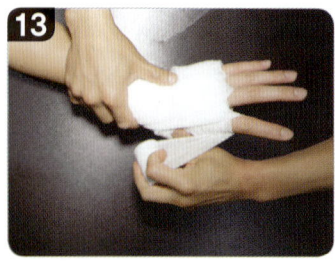

13. 나오는 곳은 엄지 · 검지 사이 공간입니다.

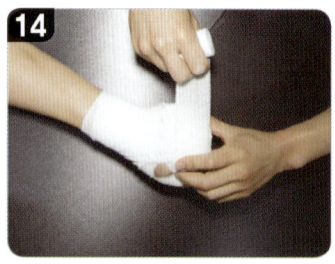

14. 똑같이 다시 한번 너클 파트 위를 돌려주고 이때 마찬가지로 선수는 주먹을 꽉 쥐어줍니다.

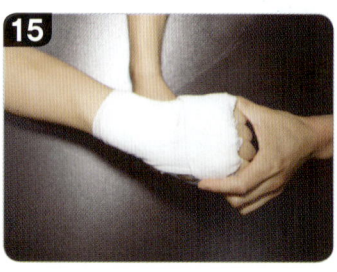

15. 세 개의 손가락 사이 공간에 똑같은 작업을 합니다.

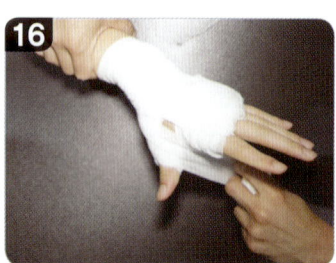

16. 이후 바깥에서 안쪽으로 엄지를 2~3 회 돌려 테이핑을 해줍니다.

부록

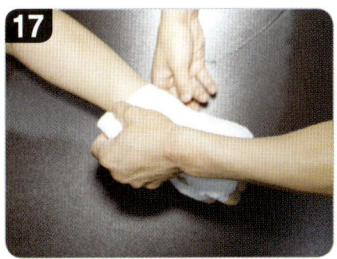

17 손가락 테이핑 이후에는 손목쪽으로 내려가서 손목을 테이핑해줍니다.

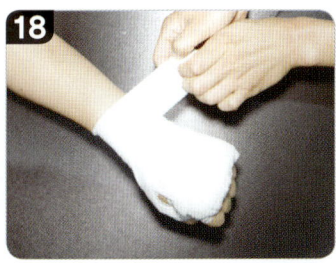

18 손목을 테이핑 해줄 때 선수는 너클파트를 손목뼈와 같은 선상에 놓아주기 위해 주먹을 15도 정도 각도로 밑으로 내려놓습니다.

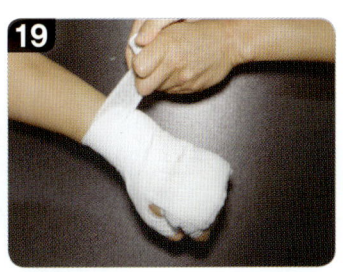

19 글러브가 씌워졌을 때 손목보다 약간 위쪽까지 올라가므로 정확히 손목뼈에서 끊지 말고 그 위로 좀 더 테이핑을 해줍니다.

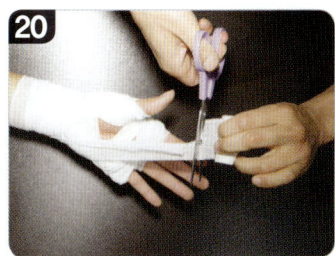

20 붕대 절단용 가위를 이용하여 붕대를 절단하고

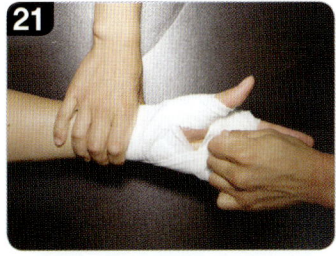

21 절단된 부분은 손바닥 안으로 집어넣어 갈무리를 해줍니다.

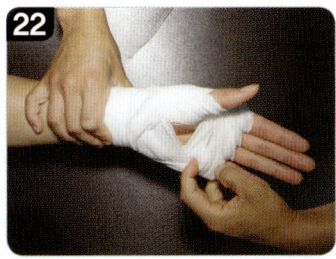

22 손바닥의 붕대는 위로 끌어올려 그립감이 좀더 낫도록 해줍니다.

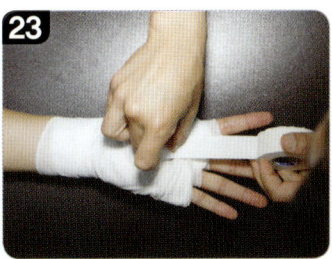

23 손바닥 붕대 안쪽으로 반창고를 부착한 다음

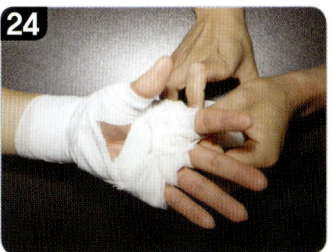

24 반창고의 폭을 좁게 붙여서 손가락 사이로 빼내주고

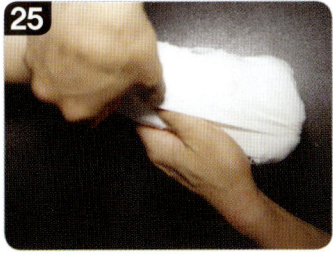

25 손목가까운 부분까지 끌어올려

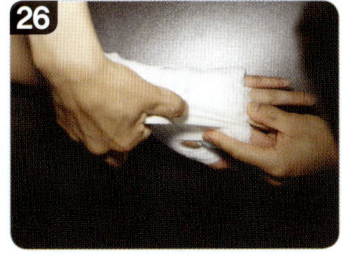

26 절단하여 손목부분에 부착해줍니다. 주먹에서 받는 충격을 손목부분에서 완화시켜주기 위함입니다.

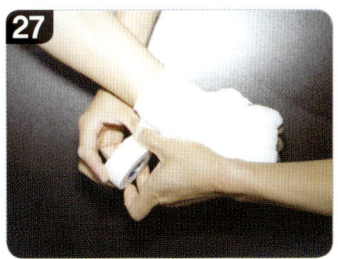

27 이후 붕대 위를 다시 테이핑 해주는데 손목 부분은 너무 강하게 반창고로 감게 되면 주먹에 피가 통하지 않게 되어 선수가 피로감을 느끼게 됩니다.

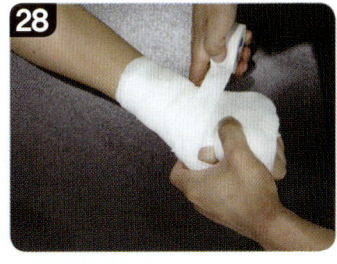

28 위쪽으로 올라가면서 테이핑

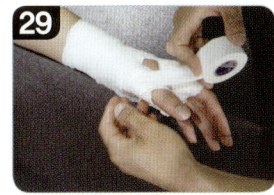

29 다치기 쉬운 엄지부분 테이핑

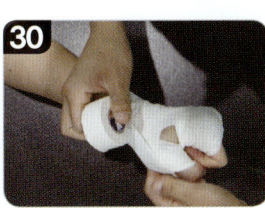

30 2~3 회정도 엄지 부분을 둘러 감아줍니다.

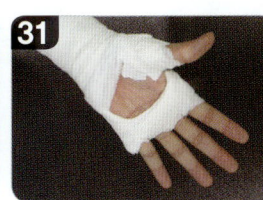

31 테이핑 완성이후 손바닥 부분은 위쪽으로 끌어올려서 쥐었을 때 그립감이 좋아지도록 해줍니다.

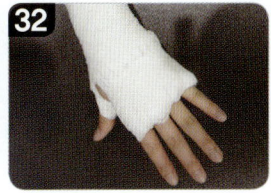

32 테이핑이 잘 되었다면 주먹을 쥐지 않은 상태에서는 편하고

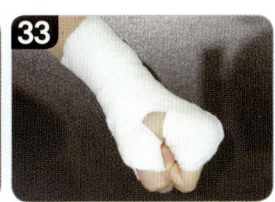

33 주먹을 쥐는 순간 주먹을 구성하는 인대들을 테이핑이 꽉 조여주는 느낌이 나야 합니다.

※ 도움 주신 분 : 숭민 권투체육관 조민 관장님 (고 최요삼 선수 지도자)

부록 연습용 핸드랩(붕대) 묶는 방법

사람에 따라 묶는 방법이 다르다. 하지만 주먹뼈와 손목을 보호한다는 목적은 같다.

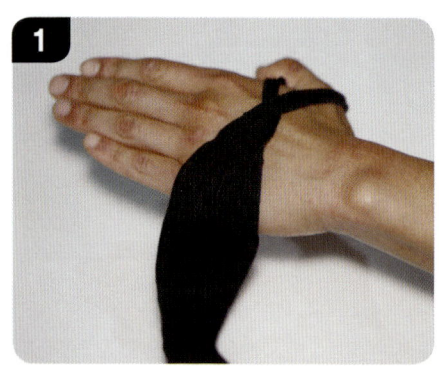

1 엄지에 핸드랩의 고리를 걸어서 손등 위로 걸쳐 올린다.

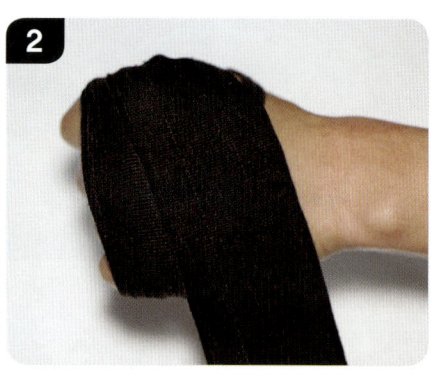

2 주먹뼈 위에 5~6회 둘러서 테이핑 해준다. (탄력성이 있는 붕대일 경우 과도하게 당겨 감게되면 손이 압박돼 혈액순환이 안되고 피로감을 느끼기 쉽다.

3 붕대를 밑으로 내려 손목에 1~2회 감아준다.

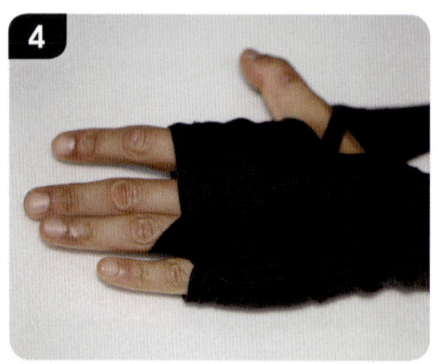

4 손가락 사이에 붕대를 넣어 통과시킨다. (바깥에서 안쪽으로)

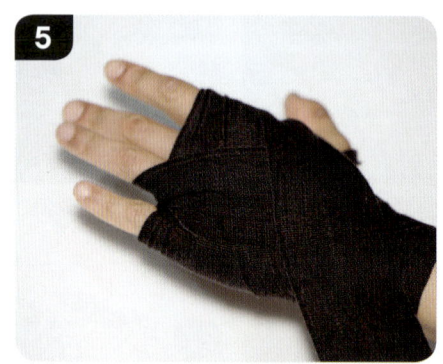

5 엄지와 검지 사이 손등으로 빼내어

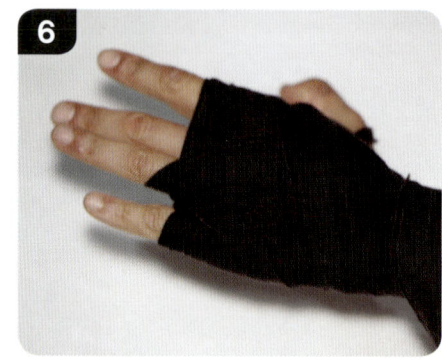

6 손목에 둘러주고 나머지 손가락 사이도 **4**와 같이 붕대를 넣어 **5**처럼 빼내어 계속해서 손목위에 둘러준다.

7 손가락 사이 세개 공간에 붕대가 들어가서 테이핑이 됐다면 맨 마지막 엄지는 바깥에서 안쪽으로 1~2회 감아주고

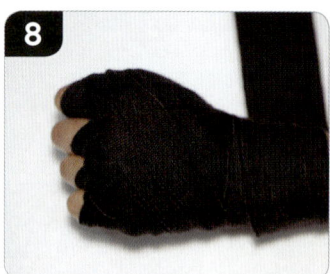

8 여분은 팔목쪽에 올려 감아준다.

9 약간 위쪽으로 올라가며 테이핑이 돼야 글러브를 착용했을 때 글러브가 끼워진 부분까지 테이핑이 있을 수 있다.

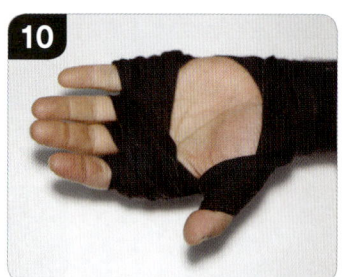

10 손바닥을 위로 보게 하고 감은 붕대를 위 아래로 살짝 말아 올리면 주먹을 쥘 때 그립감이 좋아진다.

에필로그

1. 감사의 말씀

완벽주의 때문에 예민함이 있는 저를 다독여 주시는 부모님께 감사의 말씀 첫 번째로 올립니다.
그리고 두 번째로 이 책이 나오기까지 조언과 격려를 아끼지 않으신 칼리아르니스 전성용 협회장님께 지면을 빌려 감사의 말씀 전합니다.

스튜디오에서 촬영하도록 공간을 내어주시고 좋은 환경에서 집필할 수 있게 도움주신 PlayExercise 김무송 대표님 감사합니다.

'암묵지'를 '형식지'로 만드는 과정 중에 깔끔하지 못하게 나열이 되었던 이 책을 깔끔하게 제목에 맞추어 눈에 잘 들어오게끔 편집하느라 누구보다 수고 많이 하신 혜성출판사 김상일 사장님, 홍은숙 과장님, 오영아 대리님께도 감사의 말씀 전합니다.

귀찮으셨을법 한데 촬영장에서 제 요구사항에 맞춰 사진촬영에 임해주신 MaxFC 윤덕재 챔피언. 그리고 의왕삼산무에타이 체육관의 관장님이자 경기도무에타이협회 전무이사이신 서진욱 관장님 감사합니다.

선수용 붕대 매는 방법의 노하우를 알려주신 고 최요삼 선수의 스승이신 숭민권투체육관 조민 관장님께도 진심으로 감사의 말씀 전합니다.

고집세고 부족하고 붙임성 없는 성격인데도 출판을 한다니 묵묵히 따라와서 불평의말 한마디 없이 열심히 도와준 광길 사범, 영원 교범 고맙다.

에필로그

이외 이름을 누구는 불러주고 누구는 안불러주고 하면 서운해할거 같아 다음 감사의 말씀은 이것으로 갈음할까 합니다.

많이 부족한 저를 스쳐지나간 분들, 제가 더 완벽하지 못해서 죄송했고 감사했습니다.
부족한 제 옆에 있어주시는 분들, 항상 감사합니다.

연초에 목디스크가 엄청 심해서 경추성 두통으로 인해 일상생활이 힘들 정도였는데 잘 버텨낸 저 자신, 황폐해지고 불안정했던 저의 마음을 잘 돌봐주신 닥터최 정신건강의학과 정지영 선생님 감사합니다.

2. 팔다리가 긴 사람이 타격에 있어 유리한 것은 사실입니다. 하지만 유리한 것이 절대적인 것은 아닙니다. 신체의 열등감 속에서 솔루션 없이 원투 로우킥 백만번의 반복으로 어딘가에서 좌절하고 있을 수련생에게, 그리고 저에게 생각하는 힘을 실어주셨던 … 지금은 돌아가신 피닉스 박현성 관장님께 이 책을 바칩니다.

2019년 8월

저자 홍 성 민

저자 홍성민

2012~2014, 2018 대한무에타이협회 무에타이 시합 출전
現) Play Exercise 무에타이 지도자 및 스킬 분석파트 총괄

| 도움주신 분

윤덕재
소속-의왕삼산 무에타이
현Max Fc -55Kg 챔피언

임광길
Play Exercise 무에타이 사범

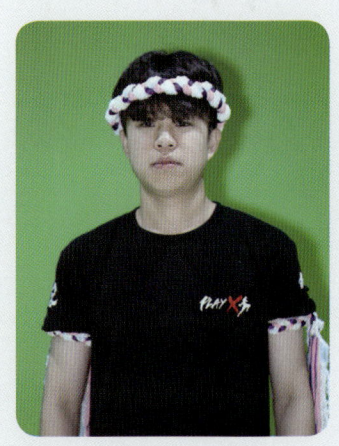

박영원
Play Exercise 무에타이 교범

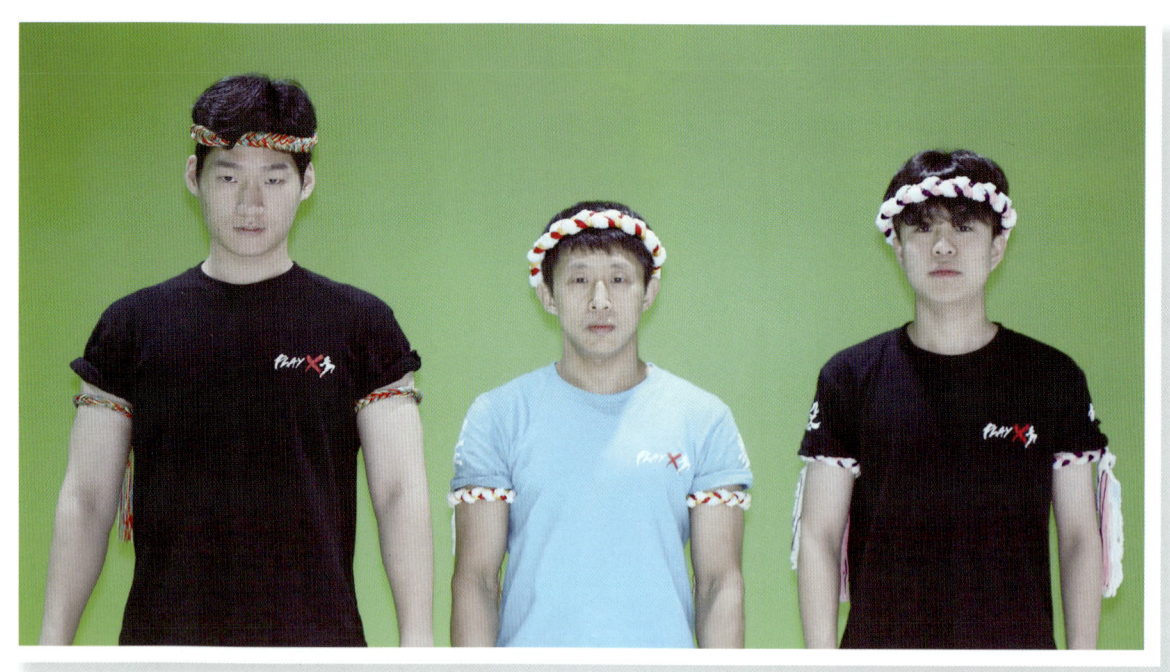

모두를 위한
무에타이 Muay Thai

초판인쇄 | 2019년 9월 5일
초판발행 | 2019년 9월 10일
저자 | 홍성민
발행인 | 김상일
발행처 | 혜성출판사
발행처 주소 | 서울시 동대문구 난계로26길23 삼우빌딩 A동 2015호
전화 | 02)2233-4468 **FAX** | 02)2253-6316
출력 | 인화씨앤피
인쇄 | 조일인쇄
등록번호 | 제6-0648호
kkksi4468@naver.com

정가 30,000원

ISBN 979-11-91423-39-9 (03690)

* 이 책의 무단복제 또는 무단전재는 법으로 금지되어 있습니다.